内向不好吗

사실, 내성적인 사람입니다

[韩]南仁淑 著

陈品芳 译

中信出版集团 | 北京

图书在版编目（CIP）数据

内向不好吗 /（韩）南仁淑著；陈品芳译 . -- 北京：中信出版社，2020.7

ISBN 978-7-5217-1811-9

Ⅰ . ①内… Ⅱ . ①南… ②陈… Ⅲ . ①内倾性格—通俗读物 Ⅳ . ① B848.6-49

中国版本图书馆 CIP 数据核字（2020）第 069208 号

内向不好吗

著　　者：［韩］南仁淑
译　　者：陈品芳
出版发行：中信出版集团股份有限公司
（北京市朝阳区惠新东街甲 4 号富盛大厦 2 座　邮编　100029）
承 印 者：北京盛通印刷股份有限公司

开　　本：880mm × 1230mm　1/32　　印　　张：6.25　　字　　数：78 千字
版　　次：2020 年 7 月第 1 版　　印　　次：2020 年 7 月第 1 次印刷
京权图字：01-2020-3265　　广告经营许可证：京朝工商广字第 8087 号
书　　号：ISBN 978-7-5217-1811-9
定　　价：49.00 元

我是个内向的人吗？

- □ 可以自己一个人面对最开心或最幸福的时刻。
- □ 决定好旅行行程会很开心，但一方面也会有压力。
- □ 就算一个礼拜不出门、不跟人见面，也相信自己不会觉得无聊。
- □ 外务结束后如果有剩余时间，比起去找附近的朋友，更喜欢自己在咖啡厅休息。
- □ 失恋或是遇到被背叛之类的事情时，伤心完后会想自己一个人待着。
- □ 太多人的聚会会觉得很累，喜欢一对一的见面。
- □ 聊天的时候如果对方说的话很有趣，那静静聆听也没关系，不觉得自己一定要说话。
- □ 经常会后悔自己说的话，而且会记得很久。
- □ 自己一个人待在房间里的时间最幸福。
- □ 如果对方因为不得已的原因而取消约会，不仅不会不开心，甚至会觉得很高兴。但也不是讨厌这次的聚会，如果真的赴约了还是会很开心。
- □ 经常会受紧张性头痛所苦。
- □ 不喜欢惹事，但如果不把已经发生的事情好好结束，就会自己给自己压力。

符合十项以上，就是典型的内向者。

符合七到九项则是有内向者的倾向。

符合四到六项则是介于内外向之间。

低于三项则是外向者。

CONTENTS

目录

CHAPTER 2

哔——转换为社会化模式中

CHAPTER 3

让原本的我做原本的我

CHAPTER 4

只要一步就够了

| 后记 |

序

我承认我很内向

“我是个内向的人。”

我说出这句话时，朋友惊讶地看着我，在短暂的沉默之后，朋友说：

“你不要去外面跟别人说这种话。”

我承认自己很内向，对他来说好像很不可思议。他之所以会这样，或许是因为我在人多的地方，并不会保持沉默或是表现出不合群，我甚至可以在数百名听众面前演讲，在电视台的摄影机前面侃侃而谈。

但如果因此认为我很外向，那误会可就大了，因为对我来说，“内向”的定义并非如此。一个人是内向还是外向，并不是用善不善于表达来区分。

内向的人是情绪很敏感的人。外界的细微变化，都可能会刺激到他们，只是简单的外出与轻松的互动，就会让他们觉得很疲倦。举例来说，他们就像是开着蓝牙功能的手机，即使不连上网络，也还是会接收到其他的信号，很快耗尽电力。所以内向的人反而需要更多的充电时间，让自己以顺利放电的人生态度来面对生活。跟这个世界交流虽然很愉快，但最让人开心的还是独处的时光。

身为一个内向的人，我在与人社交时常觉得自己低人一等，无法很快与他人打成一片，在人际关系中总是被边缘化，对自己感到很失望，也担心未来的人生该怎么办。但后来我接受了这样的自己，一点一点地鼓起勇气，尝试一步步跨出天生的个性为我设的限。

要在这个社会继续生活下去，却没办法自如地向别人、向外界伸手，这样的个性过去确实让我感到很不自在。老实说，如果有机会重新来过，我还是希望自己可以外向一点。

如果说人的一生，最有意义的事情是幸福，那从结果来看，内向的人其实也没有什么损失。内向者所能找到的幸福，比一般的幸福更深入、更隐秘。

如果你也是个内向者，那应该多少会对我接下来要说的故事有些共鸣，但也会有无法理解的部分。内向者其实很多面，当你发现过去自己不曾了解的一面时，就能彻底改变人生态度。希望内向的人能够接受自己天生的个性，活得更自由、更幸福。

CHAPTER 1

以一个内向者的身份生活

我是内向还是外向？

如果我说我正在写跟内向性格有关的文章，大多数的人第一反应都是：

“我也是个内向的人！”

绝大多数人都会说自己内向，从某个角度来看这很正常，但也有一些很外向的人也会说这种话。

这种人会在人多的聚会上刷存在感，说几个笑话，经常上传“自拍”到社交平台上，希望吸引大家注意。

几乎所有人在公众面前都会觉得紧张、害怕。

即便有些人能泰然自若地面对这种环境，也并不意味着他们就性格外向，也许这种人只是善于当众展现个人才能。

我的朋友中有人很会说话，每说一句话就能让现场观众笑翻过去。于是为了受到他人关注、响应那样的期待，让大家笑个不停就成了他的习惯。但他本人其实很内向，会刻意避开人多的场合，总是希望独处。要站在观众面前的演艺明星中，也有许多这种类型的人，在公开场合娱乐大家，私底下又非常渴望安静，不发一言。

网络上有内向外向的性格测试，我的测试结果是“中等程度的外向”。其中大多数的问题，都是“喜欢跟人见面吗？”“擅长在许多人面前说话吗？”这种以个人标准来判定的问题。

居然有这种测验，做了之后才发现这份测验只适用于十四岁以下的人群。

换句话说，我们只会让尚未社会化的孩子，以他们天生的气质来测出个人的行为模式。如果不是把内向与外向当成“行为”，而是当成一种“气质”，这种测试确实可以成为了解一个人的工具。

这里我想再给一个提示，当你不知道自己属于哪一类型的时候，可以试着回想一下小学时的模样。小时候我们是以天生的气质生活，走向社会后，才渐渐地变成与他人相似的模样。

据说内向者与外向者的多巴胺受体有差异。多巴胺是与幸福、快乐、兴奋有关的荷尔蒙，会因为新的刺激而分泌。外向者对多巴胺带来的神经性兴奋比较迟钝，所以不会因为外在刺激而承受压力，反而会觉得没有刺激的无聊环境很痛苦。

相反地，像我这样的内向者，则是在放松的环境下感到喜悦，会因为乙酰胆碱的分泌而感到幸福。

比起融入人群、接受新的刺激或经历，我更喜欢一个人独处。对我来说，休息不是跟朋友喝酒聊天，而是躺在自家的沙发上看电视或刷手机。

这种个性是天生的，无法靠训练改变。

依据面对外界刺激的态度不同，可以将个性分为内向和外向。但其实无论是哪一种气质，都无法这么明确地划分。有些人的气质非常极端，有些人则处在暧昧的中间地带。就像世界上有很多种人一样，我们的气质光谱也非常广。

小时候，我常被父母责备说要改改这个不大方的个性，这让我一直很委屈。现在依然有许多人认为天生的气质也需要矫正。用“行为”来检测是内向还是外向，这只适用于青少年，因为在脱离青少年期之后，内向的人也会具备一定程度的社会性，会为了适应社会调整自己的行为。

但我在想，我们一定要让这些依循天生个人气质成长的孩子，变成拥有同一种性格的人吗？

比起关注我们究竟在光谱上的哪个位置，我想更重要的应该是接受我们自己的状态吧。

我这样算沉默寡言吗？

有一次跟几个朋友碰面，约下次见面的时间时，我说我那天有演讲的行程，立刻有人做出吃惊的表情。

“你能演讲吗？”

我明白他话中的含意：

平时不爱讲话的你，可以在很多人面前演讲？这是真的吗？

我想他会这样怀疑也是情有可原，因为依照我的性格分类，他是“喜欢说话的人”。

我跟人碰面、聊天的时候，说话的多少会随着对象而改变。如果跟想听我说话的人见面，我就会多说点话；如果跟喜欢说话的人见面，我就会尽可能不开口。

因为面对喜欢说话的人，一方面是因为不管我说什么，对方都不会认真听，所以我觉得没必要说话，另一方面也是因为跟他们这样的人说话很辛苦。比起吸收他人提供的信息，这些人更在乎的是自己要说些什么，所以对他们说自己的事情，就像是硬要把东西塞进一个已经爆满的袋子里，每说一句话都让人很煎熬。跟这样的人见面，我通常都是抛出问题给他们，或是回答他们对我提出的问题。我不会一直说话，但也不会尝试打断他们，这样两个人才都会对那次的见面感到满意。如果遇到这样的情况，对方所说的话就必须要有倾听的价值，这段关系才能维持下去。

大家通常认为内向的人不爱说话，但无论个性怎样，其实没有人不爱说话。

只要是人，大家都会想把内心话说出来，有分享自己拥有的信息或意见的欲望。但内向者对聆听自己说话的人的反应比较敏锐，如果对方看起来对自己的话不满意，他们实在没有自信能够一笑置之。说实话，谁能对别人的反应完全无感?

今天晚上就试着走进酒馆，去听听隔壁桌的对话吧。一定会有很多喝了酒以后话匣子大开的人，不管对方有没有在听，都还是忘我地继续说下去。尤其是平常不太和人讲话的中年男性，到了酒席间，就会一直对着空气自说自话。

内向者会因对方的反应倍感压力，所以他们会感受这些情绪，不表现出自己想要说话的欲望。他们只会向可能给自己正面反应的熟悉对象，倾吐自己的心声。

内向的人其实只是选择性地爱聊天，我开始爱上写作，就是因为这是一种最不会让人感觉疲惫的说话形式。

有时候会因为他人的积极反应而放下心来，变得滔滔不绝，但又在某一瞬间感受到对方有点负面的信号，清醒过来之后感到后悔，觉得言多必失。

为什么我要说这种废话？是不是说太多自己的事了？在他眼中我应该是个很奇怪的人吧？

曾经有一段时间，这些情绪会在我呆坐地铁上时、躺在床上入睡之前，随时从某个角落爬出来折磨我。那些后悔把这些话说出口的想法，会不断在脑海重复播放。有时候后遗症会持续好几天，于是我在人前说话就越来越少。

因为要一直看对方的反应说话，所以觉得很累。自己一个人的时候还会被那些幻影所折磨，这样的聊天对内向者来说其实是一种伤害。

于是便自然开始避免与人见面。我认为，不硬逼自己去面对尴尬的事情，也是一种成熟的态度。

仔细想想，那些能够让我放心说话的人，一开始好像都是从尴尬的关系开始发展。只要承受住那一点点的尴尬不适，就能发展成后来放松亲密的关系，也可以帮助我确认自己正在过着一段不错的生活。这样的努力是值得的，因为无论再怎么内向的人，都不喜欢被孤立。

我花了很长一段时间，一点一点地积聚自己贫乏的能量，努力培养出几段自在的关系。偶尔在跟他们见面，天南地北畅所欲言之后，会让独处的时光变得更加珍贵。在聊天与沉默之间保持平衡，是我以一个内向者身份活下去所不能放弃的美德。

内向者会因对方的反应倍感压力，

所以他们会感受这些情绪，

不表现出自己想要说话的欲望。

哔——按下社会化开关

因为工作和人见面，偶尔会有一些恍惚的感觉。

比如发现对方原本是个内向的人，但现在正努力切换成外向模式。

虽然与别人的互动越少越让内向者感到自在，但内向的人都避免不了与他人互动。为了讨生活所赚来的这些钱，有很大一部分其实都是与他人来往、互动换取而来的。

内向的生活不一定是有益的。最舒服的姿势就是躺在床上，但如果因为身体不舒服而只能整天躺在床上，就会知道那种滋味很煎熬。

整天躺在床上会腰酸背痛，长时间维持同一个状态会很不舒服。还有，感受这种事情一直都是相对的，所以要在舒适的状态下，才知道这种状态是舒适的。

而无法整天窝在家里足不出户的决定性原因，源自人类是最具代表性的群居动物。进化心理学家认为，消耗人体大量热量的大脑，之所以能够发展至此，就是因为高度社会化的生活。如果想在大自然中生存下来，尖锐的牙齿或强健的肌力，比能够解开微积分的智力重要。所以我们的基因，都被设计成可以从“关系”中获得幸福的结构。也因此无论再怎么喜欢独处，或即使只能跟少数比较亲近的人来往，还是必须要稍微跳脱自己的本性。

那些能让人感到活着是有价值的事物，大多属于这个领域。

超级内向的我，在几个情况下，会打开意识当中的开关，我称之为“社会化开关”。比如当对方比我更内向，或是我必须主导对话的时候，或者是必须出席公开场合的时候。此外，还有很多必须要表现得外向的场合。无论对方本来的个性如何，只有外向的态度才能让对方感到自在舒服。与人交往时所表现的外向，并不是本性的表现，而是基于一种礼貌与贴心。

总之，打开社会化开关之后，我就会变成另外一个人。不会觉得很紧张，不会刻意逼自己笑，对话也会自然地延续下去不中断。年轻时绝对办不到的事情（先跟陌生人搭话，或是先跟相处起来有点尴尬的人联络），在这个状态下也都能完成。

不光是我，内向者在大多数需要外向的场合，也都会打开这个开关。有些人的社会化开关可能运作得很好，身边的人甚至会误以为他就是一个外向的人。像我这样的人，即使身边有人也会视情况解除社会化的状态，但也有一部分内向者是必须完全独处时，才能把开关关掉，变回最原始的样子。

我在外面的世界会维持“外向模式 ON”的状态，回到家之后就会马上关掉开关，变成一摊烂泥。即使那天是跟相熟的人共度了美好的时光，还是会筋疲力尽，其实应该说越愉快就越会这样。我有时候会觉得，自己就像按下了“两倍速”按钮的扫地机器人一样，虽然会快速转动，但也会很快没电。遇到这种日子，就连在家我也不太会跟家人说话，会像死掉一样躺着休息。一想到要跟别人见面，就充满压力，完全无力再应对其他事。从这点来看，把社会化的开关打开，好像确实会消耗更多能量。

以前只要注意到有内向者开启社会化开关，我都会觉得他们很可怜，但现在反而会想恭喜这些人，可以自由开启或关闭这个模式，这是必须不断鼓起勇气违背本性，才能够获得的奖杯。

回想起来，我大多都是在开启社会化开关的状态下，才能接触到好人好事；在关闭的状态下浮现、发酵的想法，都要在开启的状态下才能够真正实现。长大之后能够掌握这个开关，真的是一件好事，但也希望像我这样的人，不要太过远离真正的自己。

超级内向的我，在只有几个朋友的聚会上虽然可以顺畅融入，但如果中途突然失去动力，就会毫不犹豫地离开现场。

“她就是不会留到最后。”

这样做虽然会引来批评，但我不会在乎，我认为这是一种保护自己的方法，我必须努力学习让自己习惯。

偶尔会有不知道自己已经耗尽电力，还一直停不下来的时候，那是因为我害怕别人跟我相处有压力。换个立场思考，跟我在一起的这些人，要是知道我回家会自己一个人痛苦很久，心里应该也会觉得很不舒服吧。

无论再怎么喜欢独处，或即使只能跟少数比较亲近的人来往，还是必须要稍微跳脱自己的本性。

安静的外向者，吵闹的内向者

每次拐过人生的转角时，都会遇到选择的岔路。小到逢年过节的连休假要不要出去旅行，大到要不要换工作，甚至是要不要跟正在交往的对象结婚等等。

在面临这些选择的瞬间，可以把自己的个性作为一个重要的参考指标。我是因为想要写文章，才开始当一个剧作家，但我越来越觉得比起团队合作，我似乎更适合一个人工作。独自工作的喜悦，值得牺牲一切来交换。

不知道从什么时候开始，每当我面临人生课题时，都会先衡量自己能否承担，然后才做决定。因为内向的我只能将有限的能量，分配给特定的事情。

有些人只是因讨厌在大众面前说话、讨厌跟陌生人说话，就认为自己是内向者。其实外向者的个性也很多元，并不一定会展现出典型的外向特质。

面对大众的态度其实和内向外向没有太大的关联。站在舞台上，看起来无所畏惧的演艺明星，在台下与人面对面时，也经常会展现出无法好好说话的一面。或许我们应该把这些人，当成是具备艺术天分、展现出内向特质，但却不得不打开社会化开关，站到舞台上的艺术家。

开朗、吵闹的人是外向者，阴沉、安静的人是内向者的这种认知，其实是种误会。受到态度与习惯影响的表达方式，是人配合环境或需求所做出的选择。

一个人的职位越高权力越大，越能毫无顾忌地展现自己最真实的个性。好几个人聚在一起的时候，职位最高、最没顾忌的那个人，会以完全未经修饰、最轻松自在的态度展现个人的性格特质。不需要如履薄冰地担心被人认为不懂人情世故，也不需要为了和人搭话而勉强开口，更不需要因为担心被人讨厌，而把想说的话吞进肚子里。

我们的个性，其实就像是渐层色相表，没有明确的界线，同一个人可能同时是“比较社会化的内向者”和“有点消极的外向者”。而表达个性的方式也非常多元，实在无法只用一种特质来完全涵盖。

你究竟属于哪种特质，不该用常见的刻板印象当标准，而应该问问你的心。

不知道从什么时候开始，每当我面临人生的课题时，我都会先衡量自己能否承担，然后才做决定。因为我知道内向的我只能将有限的能量，分配给特定的事情。知道自己的个性，代表的是在面临这种选择的瞬间，我们多了一个重要的参考指标。

好羡慕外向的人

观察跟我截然不同的外向者，会发现他们的生活看起来很简单。无论面对任何人，他们都能够泰然自若地相处，很快适应新的环境，有该做的事情就会毫不犹豫地做完。而我无论面对什么事情都拖拖拉拉，必须逼迫自己才能完成很多事情，但这些事情对外向者来说却像喝水那样容易。

“人的价值”若不能通过行为表现出来，就毫无用处。所以能轻而易举建立人际关系、完成工作的外向者，自然可以获得比较多的机会。我顶多也就只能打开社会化开关，撑到体内那个老旧的电池电力耗尽为止。让世界得以运作的架构，绝对是以天生的外向者为中心所设计的。

但过了一段时间，当我开始习惯模仿外向者生活之后，我也开始渐渐注意到过去看不到的事物。

我曾经有过一户邻居，他们家有一个两三岁的可爱孩子。那个孩子不怕生，会跟着陌生人跑来跑去、对着陌生人笑，走到哪里都很受欢迎。这孩子经常来我家玩，喜欢我家甚至胜过他自己家。

而我女儿和他截然相反，她只要面对陌生人就会放声大哭，最近才好不容易适应了幼儿园生活，所以邻居家这个活泼的孩子真的让我感到新奇又可爱。怕生的孩子总是让新手父母感到慌张与羞愧，我真的很羡慕邻居。但相处之后才发现，这孩子的妈妈每次带着小孩遇到邻居时，总是坐立难安。因为孩子真的太外向了，她很害怕孩子会无意中冒犯别人，过于熟不拘礼。

深入了解后发现，孩子妈妈也是天生的外向者，从小就人缘很好。她的父母亲也总是教导她不要随便跑进别人家里，于是长大之后她也是这样教导自己的孩子。

我记得她每天都会对着孩子不断重复地说：

“只有在别人同意时才能跟人家说话噢，只有在别人同意的时候才能去人家家里，只有在别人同意的时候……”

这对我来说，是一种前所未见的教育方式。

就算有人拉着我要我去别人家我都绝不会去，没想到居然还有人要拼命阻止孩子跑到别人家。

内向者与外向者，这两种人的社会化方式，是朝完全相反的方向前进。内向者的社会化，是要将紧闭的门扉上头的锁打开；外向者的社会化，则是一个给门上锁的过程。

外向者并不会对别人进入自己的私人领域感到困扰，所以也不太能通过直觉感受到自己对他人的干涉超出一定的范围。

如果不去学习掌握界限在哪里，就会给人留下没礼貌的印象，进而遭到社会的排斥。

当内向者必须鼓起五次勇气才能和别人说话时，外向者也必须要思考“这样跟别人搭话会不会太没礼貌”，忍下五次搭话的冲动。所谓的社会化，或许就是让外向者变成内向者，内向者渐渐变得像外向者的过程。这么说起来，或许在“了解如何在社会上受欢迎”这件事情上，并没有任何一方特别有优势。

外向者的生活和内向者一样辛苦，在工作的领域也是一样。思考模式偏向发散而非收敛的外向者，靠着直觉来掌握特定现象的能力相对较差。而且对话的时候，他们很难去倾听别人说话。所以他们很少在去体验某些事情之前，事先预知或是知道该如何回应。也就是说，虽然他们有可以执行计划的基础，但成功率却不高。这也使得外向者不得不通过更多经验、更多尝试，获得更多直觉去把握成功的要素。因此不付诸实践的外向者，他们的生活质量可能比同等条件的内向者更低。

当外向者完成某件事情的时候，他们可能是发挥了一般人无法模仿的执行力才完成的。他们就像拿到了人生高速公路的免过路费的通行证，但这通行证也是他们唯一的依靠。

在这个世界上，没有哪个人的人生是轻松的。

当内向者必须鼓起五次勇气才能和别人说话时，外向者也必须要思考“这样跟别人搭话会不会太没礼貌”，忍下五次搭话的冲动。所谓的社会化，或许就是让外向者变成内向者，内向者渐渐变得像外向者的过程。

内向的人都很“热情”吗？

不知从什么时候开始，我们开始会将人分成“话题人物”或“边缘人”两种。“话题人物”指的是那些跟团体相处融洽的人，而“边缘人”则是相反的意思。通常会被形容为很社会化的外向者，自然而然就成为“话题人物”，不那么社会化的内向者则经常跟“边缘人”画上等号。从这点来看，内向者似乎被当成了这个世界的二等公民。

我是个在坐标上非常趋近于极端内向的内向者，仔细检视我的生活，会发现我以几年为周期，在“话题人物”与“边缘人”之间交替。即使是在某一个周期里面，也会在某个场合是“话题人物”，在另一个场合变成“边缘人”。不光是我，我观察了很多聚会跟团体，经常发现里面的“话题人物”其实并不是外向者。

“话题人物”与“边缘人”和个性内向还是外向，并没有明确的关联性，这也与我们的刻板印象不同。

只要可以带给团体利益，或是可能有利于团体的人，就会成为“话题人物”，这里的利益指的是乐趣、亲切感、擅长做事的能力或是财力。

我在人生的很多时刻都是“边缘人”，总是会被自己没有魅力这一点所困扰，这让我感到非常痛苦。我是一个不擅长付出，更习惯独处的人。虽然我很孤单，但又不想接受自己变成“话题人物”；虽然不想孤单一人，但即使身处某个群体时，也不愿意把那少得可怜的能量全部投注在团体中。这也是很容易耗尽电力，所以总是下意识地珍惜这些精力的内向者，比较容易成为“边缘人”的原因。

但如果处在一个让我们愿意投注精力的群体当中，事情就截然不同了。

如果这个人有愿意付出的想法与资源，他在团体内的行为和发言就会更放得开。即使是超级内向的内向者，在那样的团体里面，也能自由发表意见，甚至还能开玩笑，可以更大方地跟团体成员拉近距离，而这也符合“话题人物”的特征。

其实在韩国这个地方，即使是外向者也很难变成“话题人物”。韩语背后的含意，远超过字面上所代表的意思，是属于“高情境文化”的语言。在高情境文化的韩国，“肚子饿了”这句话的意思，可以依照当时的情景解释为“请我吃饭”“跟我一起吃饭”，甚至可以是“我想回家，送我回家”的意思。但如果是在低情境文化的德国，这句话的意思就只是“肚子饿了”而已。

在高情境文化圈，想在团体里脱颖而出，就必须在合适的时间，配合适当的情绪，做出显眼的行为，这样才会受到众人的欢呼。如果没有掌握好大家的情绪，不小心做得太夸张，就会被批评是太过“放肆”，很容易被排挤。“安分守己，至少不会被当作傻瓜”就是这个意思。

对安静且善于掌握、解读这些隐形反应的内向者来说，这样的社会环境比较有利，这也是外向者并不一定会是“话题人物”的原因。

就像地球绕着太阳公转一样，我们的人生也有一定的周期，有时候会靠近中心，有时候则会远离中心。随着周遭环境的变化，我们会交替着成为“话题人物”或“边缘人”。无论是哪种角色，都不需要觉得高人一等或抬不起头，只要交给人生的周期，顺其自然就好，大家同意吗？

内向者的共同疑问

问

在团体里总感觉格格不入，虽然跟团体里的人各自相处得很好，但奇怪的是大家聚在一起的时候，就只有我一个人像“孤岛”一样，很难加入团体的对话，是因为我比较内向的关系吗?

答

内向者在团体内，常常会遇到沟通困难的问题。一对一聊天跟很多人一起聊天其实不太一样。一对一聊天时，就算只擅长倾听，双方也可以进行满意的对话，因为只有一个对象，当你说话的时候一定可以获得某种程度的响应。

但是人一多，状况就不太一样了。为了获得发言权，你必须变得更加积极。人一多，整个团体就变得像一群听众，内向者会更在意听者的反应，所以当然会更加畏缩。

其实倾听能力较强的内向者，在跟人单独见面的时候会成为很有魅力的人。如果有比较亲近的人，那就尽量单独见面，一定要一群人一起见面时，也不要太努力地想要说话，只要做出适当的反应展现出存在感就好。内向者有时候会成为团体的中心，话比较多，但遇到这种情况，也会让内向者后悔自己太过显眼。

内向者的天敌——惹人爱但又很坏的外向者

有一段时间，我认为自己跟外向者不太合得来。每当跟不管在什么地方都能受到注目、与人顺利交流的他们在一起，我就会觉得自己被笼罩在对方的阴影之下，产生低人一等的自卑感。我讨厌这种感受，觉得很痛苦。重复几次这种经历之后，我决定以后不再跟外向者来往。

但随着时间流转，我渐渐意识到当初的想法是错的，让我痛苦的原因并非我跟外向者不合，而是当时与我交往的外向者个性有问题。

个性好的外向者，不会让人感到疏离，而是可以让安静的人舒适地走到阳光下，并在必要的时候展现自己的存在感。

而那些在一起的时候把我变成陪衬、让人感觉到莫名羞愧的外向者，大多都是有问题的人。这些人因为内心的缺陷，所以想要独占他人的关注，假装看不到身边人的感受，故意去彰显自己。

这些人其实是假装开朗的外向者，他们会给你带来最大的伤害。那种想要跟任何人都相处得很好，刻意要给人留下良好第一印象的恶意非常微妙，让你很难在受伤之前察觉。

在这些人身边，会让我们感到不快，同时也会让人产生罪恶感、自卑感。

大家都认为他是个好人，好像只有我觉得不舒服，错似乎都在我身上，感觉就像小说或连续剧里面，嫉妒善良主角的阴暗配角一样。如果跟这样的人长期往来，我们会变得颓丧不堪，即使离开了那段关系，也很难恢复原来的状态。

但时间一久，你就会知道不是只有自己有这种感觉。那些响应他、跟他一起笑的人，其实也正在经历仿佛被孤立的痛苦。最后，所有察觉这段关系有问题的人，都会离开这段关系。

在这一类外向者身边，不会有“维持很久的亲近关系”。认识很久的人不会跟他们走得太近。虽然看起来好像他们身边总是围绕着很多人，但其实一个朋友也没有。

我经历过很多人际关系，做了很多观察与思考，但至今仍无法一眼分辨出外向者的好坏。所以跟某人见完面回家时，如果觉得哪里不舒服，我会远离那个人一段时间。如果现实中无法这么做，那我会在心理上先拉开一段距离。

这样一来就可以了解到，这种情绪究竟是源于自己还是对方。

因为自己喜欢而经营的关系，与自己被用尽各种方法拉进去的关系是不一样的。如果对方太有魅力，那么即便我内心觉得有点压力，也还是想要积极经营，而那种因为无法拒绝才勉强延续的关系，总是会成为我生命中的负担。

虽然我特别敏锐，却总是忘记自己感受到的情绪其实都有原因。这个世界总是比较欢迎世故圆融的人，而我希望可以成为适合这个世界的人。但我也知道，这样一来，被困在心中的情绪便会慢慢啃食我。

对自己的信任，将这种模糊的情绪与现实连接在一起。而那也成了当暗藏心机的人跨过我的内心防线时，我得以保护自己的力量。

充满恶意的外向者会周期性地出现在我的生活中，每次都带给我惨痛的教训，让我知道我的直觉总是对的，现在可以相信自己了。

那个敏感的人是内向的人吗?

内向与敏感无法完全画上等号，但两者有很深的关联。或许是因为这样，在团体里特别敏感的人，经常会被误认为是内向者，也有很多人对敏感这样的特质抱有负面想法。但内向者的敏感气质，通常和我们所定义的敏感不太一样。

我认识一个人，无论到哪里吃什么东西，都不太会称赞食物好吃，有时候他会直截了当地说东西难吃，有时候则会默默皱起眉头放下餐具。认识他的这几年，在跟他一起吃饭的时候，我只听过一次他称赞东西好吃。包括我在内的每个人，都认为他的味觉很敏锐，应该是个美食爱好者。

所以跟他吃饭的时候，我会尽量努力去找评价很好的美味餐厅。

但时间一久，更深入了解他之后，才发现我们真的错得离谱。后来才知道，他不是味觉敏锐，其实根本只是因为严重偏食。只要是自己喜欢的食物，就算味道很糟糕他还是照吃不误。他的敏感只是毫不犹豫地表现出个人的喜好罢了。

很多时候，我们都会混淆“难搞”和“敏感”。内向者大多都很敏感，所以我们会觉得跟内向者相处很麻烦。但讽刺的是，实际相处的时候，忍耐的大多都是内向者。虽然内向者无法轻易拉近与人的距离，但拉近距离之后，相处就不会有任何困难，可以变得非常亲近。

“表达”会耗费能量。

个性敏感，跟把敏感的个性表现出来，是两码事。内向者无法承担当自己对他人表达不满时所产生的压力，而且他们也会注意到正在表达这种不满的自己，并对自己施加压力。所以因为个性敏感而感受到的事物，大多都只会化作一种刺激留在他们心中。

感受，然后遗忘。

我曾经在生日的时候，跟先生一起去了寿司店。厨师现场制作寿司，端给客人吃并搭配料理介绍。十位客人以厨师为中心坐成一圈，一边与朋友聊天，一边用餐。

突然间，一位中年男子很大声地跟厨师搭话，打破了这份宁静。他开始讲述自己了解的鱼的知识，越说声音越大，厨师则碍于他是客人不好阻止。跟他一起来的妻子和女儿，好像已经习惯这种情况了，完全不搭话，只是自顾自地吃着。

因为这噪声，我跟先生的对话变得有些困难，也听不清楚厨师的介绍，这使我内心情绪翻腾。最后我只好当场对那位中年男子提出抗议，那么后来我能够平静、安心地用餐了吗？

并没有。我拿着筷子的手一直在发抖，心脏也快速跳个不停，完全感觉不到放进嘴里的寿司是什么滋味。

并不是因为害怕那个中年男子报复我，也不是因为还在气愤中，只是因为我没有顺着他人的情绪给予回应，这样的行为让我感到很痛苦，在跟别人起冲突之前，我心里就已经天人交战了。

内向者一般难以承受这种事情，因此才会选择忍耐，或是对他人的恶劣视而不见。如果外向者与内向者变成好友，其中比较爱吐苦水、经常生气的，很有可能是外向者。而内向者如果意识到对方已经超过自己可容忍的范围，很可能会在瞬间就转身离去。站在对方的立场来看，或许会觉得这是“某天突然发生的改变”，但其实这是内向者因为个性宽厚而选择无限包容，那些累积起来的不满在某一天达到极限。

随着社会历练的增加，我们渐渐会与自己的天性保持距离，对外表现出比较敏锐的特质。外向者会更注意到他人的想法，克制自己的表达；内向者则会训练自己，在有必要的时候表达自我。

所以当人到了一定的社会年龄之后，敏感就与个性内向还是外向无关了。

如果想要让自己做出表达真实感受的决定，就必须要有足够的心理准备，承受随之而来的压力，也必须要有足够的力量，付出相应的代价给周遭承受这份敏感的人。内向者不太能够承受这种压力，也无力付出相应的代价，所以只能继续宽容下去。

这样的个性会让内向者在早期活得非常辛苦，但过了某个时期之后，就会知道这样的个性有利于自己成为更棒的大人。

内向者大多都很敏感，所以我们会觉得跟内向者相处很麻烦。但讽刺的是，实际在相处的时候，忍耐的大多都是内向者。虽然无法轻易地拉近距离，但拉近距离之后就不会遇到任何困难，可以变得非常亲近。

CHAPTER 2

哔——转换为社会化模式中

外向者普遍存在于这个世界吗?

翻看相簿，我发现几乎没有跟小女儿一起拍的正式全家福。照片里的女儿，不是把脸遮住，就是紧闭着眼睛。可能是因为帮忙给我们拍照的人大多是陌生人，所以女儿才会这样。

女儿在五六岁的时候，只要遇到让她觉得不自在的人就会装睡，甚至会站着睡！就像天敌出现就自动四脚朝天装死的瓢虫一样。每次带着女儿跟别人见面，我都会觉得尴尬、困扰。在家的时候女儿都很听话，为什么到了外面就变成这样，真的让人无法理解。

有一天，我们全家人一起去参加一个活动。主持人宣布夫妻一同参加就可以获得商品，我和先生听到之后几乎同时退到人群的最后方。好像生怕有人把我们推到舞台上去，所以赶快逃走。那一刻我终于明白女儿这么内向的个性究竟是从何而来，其实就是我们遗传给她的。

我曾经看过一个研究，说韩国人有百分之八十都是内向者。虽然有一些程度上的差异，但这个结果表明，很多人在别人的认知当中，是被归类为内向者的。我们会把外向的个性当成标准，把“人就应该要变成那样”挂在嘴边，仿佛已经遗忘，在熟练掌握打开社会化的开关之前，那段以原本最真实的个性生活的时光。

外向者的个性就是向外发散的，所以只要不是“独自一个人”，任何情境都能让他们感到自在。他们能很快适应陌生的环境，也能跟人愉快相处，同外在环境有着紧密的联结。

内向者确实不能继续维持自己小时候的个性（试着想象只要看到陌生人就会假装睡着的三十岁大人会是什么样子吧），但是外向者也必须在社会化的过程中，稍微收敛自己原本的个性。因为不懂得必要时适当遮掩自己锋芒的人，会让别人觉得很不舒服。

与其认为内向这种个性应该要改，或者是认为内向就是不好，我更希望大家可以转换一下角度，把在必要时打开社会化开关这件事当成一种习惯和礼貌。

也希望大家可以了解，内向者打开社会化开关的时间有多久，就需要多长的休息时间。

把外向当成是全社会认同的价值，强迫所有人都必须假装外向，是一种社会暴力。

希望大家能够承认这就是一种个性的类别，并且能够依照自己原本的个性去生活。如果无法理解，那也不要去肆意指责别人。

希望大家可以转换一下角度，把习惯在必要时打开社会化开关这件事当成一种礼貌。

要参加西式派对吗?

有个朋友邀请我参加开业仪式，他的公司从筹备到开张我都有参与，也不好意思推辞。但因为没有其他认识的人会来，我得自己一个人出席，这让我有点犹豫，不过我还是准备了礼物，按时赴约。

推开他办公室的门，我吓了一大跳。跟印象中有剪彩、祈福等环节的开业仪式不同，眼前的景象令我感到非常陌生。音箱播放着夜店那种节奏感很强的音乐，桌子全部被清空，人们在空旷的办公室里，手拿着食物三三两两地聚在一起谈话。

正当我呆站在那里，努力想要理解眼前景象的时候，才想起这位邀请我来的朋友，是一个在国外生活很长一段时间，刚搬回韩国没有多久的人。

我了解到，这就是在国外连续剧里会看到的西式派对，这也让我感到更尴尬。

现在我该做什么才好？

对，我得先找到邀请我来的朋友。我就像在这如茫茫大海般的派对中，迷失方向的孤儿一样，他肯定会引导我的。

但不知为什么，我看到眼珠都要弹出来了，还是找不到派对的主人。房间里挤满了正在聊天的陌生人，我独自徘徊了好一阵子才终于找到他。我好像睽违二十年终于见到失散的家人一样，开心地靠过去恭喜他，然后把礼物交给他。他笑着跟我聊了几句之后，又突然介绍身旁的人给我认识。那些人是跟他一起工作的人，跟我没有什么关联，也没有共通之处。

“啊……是，你好……”

“我是‘某某某’。”

“原来如此……”

就这样说了几句话之后，这位主角就请我们继续聊，自己便消失了，接着就是一股难以言喻的尴尬弥漫开来。

他们已经非常熟稔，如果我加入会打断他们的谈话，所以我便保持沉默，如果我忍不住问了没意义的问题，对方就会礼貌地简短回答，并寒暄几句，就这样而已。虽然在主办人的推荐之下拿了个小点心，但我却完全没有食欲。

对内向的我来说，此情此景位列我人生中最茫然的情况前五名。

这个派对的矛盾处在于参与者全都是韩国人，但又是西式派对。受邀出席的人都跟一起来的人聚在一起，雷打不动地固守着自己的位置，只有遇到其他认识的人，才会离开原本的位置。我想，感到尴尬的应该不只我一个人。

对韩国人来说，派对并不是认识新朋友的场所，而是认识的人一起玩的活动。应该是坐在固定的位子上，跟附近的人聊天、拉近距离，很少会到处走动去找陌生人搭话。

比起跟和我同类型的人一起，我想跟个性截然不同的人一起出席，应该会更自在吧。

举例来说，如果是跟善于社交的美国人一起参加派对，我或许会瞬间就按下社会化开关。这样就不需要踩刹车，可以想也不想地走过去，与别人介绍给我的来宾拉近距离。因为至少有个地方，可以接受已经按下社会化开关的我。

但我完全不知道这是一个"害羞的韩国人参加的美式派对"，就这样没头没脑地自己一个人闯进来，像一个手足无措的不速之客。

最后我决定，与其像根木头一样在那里硬撑，不如尽快离开。于是我简单地用眼神打个招呼，然后转身离开，他们才以放松的神情继续交谈。

离开那群人的我，陷入了短暂的沉思。

从现在起，我该做什么才好？

我又变回一个人，不管怎么努力，都找不到认识的人。既然来了，还是要跟把我推入这个火坑的朋友见个面再走，但我实在没办法撑到他出现。

“好，逃走吧。”

下定决心的我立刻走到外面，叫了一辆出租车。坐在返家的出租车后座上，我感到一种难以言喻的安稳。这时我看了一下时间，吓了一跳！刚才那段时间好像一辈子那样长，但其实我停留的时间甚至不到十五分钟。

有过这次经历之后，我得出几个教训：

可以参加传统宴会，但一定避开美式派对。

如果一定要出席，那就要找一个可以一直陪在身边的人同行。

最后，干脆接受我就是这样的人。

把外向当成是普世价值，强迫所有人都必须假装外向，是一种社会暴力。也希望大家可以了解，内向者打开社会化开关的时间有多久，就需要多长的休息时间。

聚会，四个人就是极限

我每天出门走路运动的路上，有很多酒馆跟烤肉店。太阳下山后，我挥汗走路的同时，还必须要承受调味烤肉的味道，以及让人感到不好意思的酒席对话。灯光底下，人们三三两两地像在冲浪一样碰着彼此的酒杯，嘻嘻哈哈地笑着。有聚餐的上班族，有刚开学的大学生。我会暂时停下脚步，羡慕地望着充满活力的他们，想象自己成为他们的一分子。

紧接着下一刻，我就会想“这样不对”，然后低下头迈开步伐继续走我的路。一群人凑在一起那种其乐融融的气氛只要憧憬一下就好，真的置身其中，一定会疲惫不堪。

内向者喜欢跟熟人见面，如果可以一对一见面，专心听彼此说话、交流会更好。我喜欢邀请坐在对面的人进入我的世界，而我也走进对方的世界，去体验另一种人生。

有一两个外人也没关系，但参与的人一多，该聚会在我心中的好感就会被稀释，我会开始感到疲劳。

我觉得，包括我在内总共四个人的聚会最适合聊天。超过这个人数，就会有人无法专注在同一个话题上，或是会开始分组聊天。这样一来整个气氛就会变得很杂乱，无论加入哪一组，都无法好好聊天。

更尴尬的是坐在两组人中间的时候，虽然在跟这边的人聊天，却会一直注意旁边那一组人的对话内容。但如果想加入旁边的对话，又会因为不知道他们在说什么，而必须安静听上一阵子才能插话。

这样一来，会发现自己根本无法完全参与两边的对话，只能带着勉强的微笑看看这边，再看看那边。当聚会的成员都是比较陌生或是没那么好相处的人时，我就会变成这个样子，总想尽快逃离现场。

对能够本能地察觉他人心情的内向者来说，要同时跟不同的人产生互动是很辛苦的。会担心自己说话时是不是独占了发言权，如果现场太安静，就会担心是不是气氛突然冷掉了。如果有人一直没参与对话，就会默默担心对方被排挤。如果没有做出一些体贴他人的行为，就会自责。偶尔在这样的场合，现场没有外向者，而我又必须一口气跟一大堆人交流，我就会在不知不觉间扮演起外向者。当天我会责怪自己太放肆，同时也会感到疲惫不堪。

同时跟很多人相处会让我觉得很累，也会觉得那段时间没有意义，在这样的场合对话内容大多比较肤浅。

没有针对彼此的深入谈话，而是讨论别人，或是说一些比较无谓的信息、八卦等等。回家的路上完全不会对今天的对话有任何印象，那就只是为了对话而对话。

最重要的是，人跟人之间的相互作用，对内向者来说是很大的刺激，而同时从很多个方向产生相互作用，当然会使内向者的生物电池电量急速耗尽。

我曾经在跟陌生人你来我往的聚会上，假装自己成熟懂事，但回家路上立刻决定以后不要再出席这种场合，这无谓的聚会只会让人感到心灵空虚。所以我就打电话给比较要好的朋友倾诉很久，然后才带着释然的心情挂断电话。看着手机屏幕上朋友的名字，突然发现第一次跟这位朋友见面，也是在这种让人感到不自在的场合。

当生活的环境与我的想法改变时，我身边的人就会慢慢被淘汰掉。如果我把注意力放在少数几个很亲近的人身上，就会和那些觉得已经合不来的人断绝关系。

与人来往，数量不多但想深入交往

我读了自己十六岁写的日记，一边读一边觉得当时生活圈狭窄的我，还真是有些乱七八糟的烦恼，但另一方面也有一些让我特别在意的部分。日记中的我，曾以圣诞节为借口，对着自己根本不觉得存在于这世界上的圣诞老人，许了一大堆愿望。愿望长到写满一整页，但内容其实都在讲同一件事，那就是希望能交到一个真正的朋友。

我当时并没有因为太内向而交不到朋友，我会跟比较合得来的人交往，但那样的关系好像也不符合我的天性。

我想要有一个彼此之间没有秘密，能包容、理解我的朋友，三观一致，友情能够维持到永远的朋友。但到了现在这个年纪，我觉得这种想法可能比希望有位帅气的王子骑着白马出现还要更痴人说梦。

其实在小说或连续剧里面，真正超现实的并不是英俊多金的完美男主角，而是主角的朋友。主角的朋友大多都是从小就跟主角认识，无论在什么情况下都陪伴主角共同面对，可以很快理解主角的处境，两人的关系完全建立在信赖的基础上，几乎不可能产生误会，就算有误会也会很快解开。这让观众在下意识中认为朋友就应该是这样的。

内向者喜欢的人际关系，就跟浪漫爱情喜剧中主角的朋友一样，只跟几个人有联络，交友圈不大但关系却很深入。不喜欢跟陌生人见面，也不觉得有必要去维系不太亲近、不能彼此交心的肤浅关系。只跟最亲近的几个人保持联络，希望这段友谊具有排他性，只能自己独享。人物关系图不能太复杂，这样才适合一对一来往。

内向者虽然会憧憬看起来很有趣的交友圈，但还是更倾向于让自己更专注投入的人际关系。

外向者可以同时跟很多人维持关系，是因为他们并不期待这段关系能够长久且深入。他们似乎能轻易敞开心门，也可以毫无保留地接近他人，但他们并不想深入对方的世界。他们只把重点放在与人交往时共享的时光，并满足于这样浅尝辄止的关系。所以遇到希望关系能够更进一步的人，要求他们也必须付出同等程度的心力，想要独占这段关系的时候，外向者就会感到慌张不安。

随着时间的推移，我发现无论是属于哪一种人，太过执着于自己天生的个性，不愿意做出妥协，都不是成年人该有的行为。

进化心理学提到，友情是代替忙于生计的父母，在同龄的群体之间发展出来的情感。青春期的时候我们之所以会觉得朋友跟生命一样重要，就是因为友情确实决定了我们在遥远的未来能否存活下来。

换句话说，过度执着于朋友关系，其实也说明一个人的内心还无法离开幼年期，还没有真正长大。

如果交往的人很少、接触的世界太过狭窄，那就会对身边有限的人际关系的动向过于敏感。一点小事也会让你感到难过，身边人稍微的疏忽也会令你坐立难安。如果一点小事就会让你跟朋友形同陌路，实在无益于我们建立良好的人际关系。

试着换个想法，即使无法认同对方的一切，但只要跟对方在一起的时候开心就好，以这样的心态去交朋友，会轻松许多。

你会发现，即使是和自己个性截然不同的外向者，也可以成为很不错的朋友。他们虽然不是你的同类，却能屡屡带给你惊喜。他们不断向外界散发的那股正能量，对你也是好的促进。

如果遇到人际关系的难题，那就想想过去自己学到的东西吧。

千万不要忘记，优先次序应该是我、家人，接下来才是朋友。

你虽然敞开心胸，但对方允许你了解他到哪里，你就只能深入到那里。

千万不要强硬地邀请别人走进你的人生。

不要只依靠过度亲密的一两段关系。

不要期待对方为你付出太多。

人生原本就是孤单的。

内向者在思考人际关系时，会对自己提出这些问题：

⊙ 认识很久就是好的人际关系吗?

⊙ 失去了认识很久的朋友，难道就代表我不是一个好人吗?

⊙ 抱持着好感开始交流的人，就一定要成为朋友吗?

⊙ 跟比较没那么要好的人维持一段肤浅的关系，就一定是没有意义的事情吗?

咔嗒，社会化开关坏掉了

我参加了一个聚会，与会的大部分是陌生人。因为我和主办者还算熟悉，觉得应该能得到照应，所以没想太多就答应出席了。

可是到了那个必须要跟人交流、聊天的场合，我突然觉得陌生人好像更陌生，也完全不想要了解他们，开口说话这件事让我感到很费力，只想要快点离开现场。

我发现自己越来越不对劲，心慌意乱。内向的本性居然在这种场合露头，已经很久没发生这种事了。

本来我很容易对他人感到好奇，过去一直是以“打开开关”的状态在人群之间穿梭，已经渐渐习惯按下社会化开关。但那天不管怎么按，开关都没有启动。

挂着勉强的笑容结束当天的聚会之后，回家路上我很严肃地思考，我的社会化开关为何会出故障？好像是因为去年在别人的介绍下，跟几个陌生人有交流，但那几次的体验都不太好；又好像是因为那天有点感冒，身体感觉很疲惫。

如果是因为不好的体验，那问题可就大了。因为这确实是创伤，我害怕这样下去自己可能会永远过着隐居生活。人生的经历越多，就越不会发生无法按下社会化开关的问题。为什么到了现在，我还是无法好好当一个大人呢？

总之，在那个让我直冒冷汗的聚会之后，我有好一阵子都避免出席没有熟人，或是要面对不太好相处的人的场合。我会刻意花时间，去跟即使是我的社会化开关坏掉，也可以接受我的朋友见面。

这段时间，我跟一个朋友提起这件事，他问我：

“你最近是不是工作压力很大？”

我很讶异话题跳得太快，同时也开始回想当时累积的工作。有三个很快就要截稿的案子，还有两个要重新规划内容的讲座、活动，再加上我在计划搬家，都是些距离截止日期很近，但都没有什么进展的事情，这也让我觉得很烦。

“如果工作压力太大，很多事都会出问题，你的问题可能就是这个吧。”

听完他这番话，不久之后我就发现，随着事情一一解决，心情平复之后，我遗失的社会化开关也平安地回到我身边。

人的意志力并不是江水，而比较像是井水。如果一次取走太多，很快就会见底，想要填补那些取走的部分，就要花时间去等待。对内向者来说，意志力耗尽时，最先停摆的领域就是社会化。

因为这是最耗费活力的工厂，所以如果突然觉得不想跟人见面，那很有可能是意志力的仓库已经空了。这时候不要对自己失望，也不要硬是挤出社会化额度来使用，静静地等着自己的意志力与能量恢复就好。

咔嗒、咔嗒、咔嗒……如果太用力地去按出故障的开关，这开关很有可能会永远无法使用。

内向者的共同疑问

问

我原本很内向，一直以来都假装自己很活泼、开朗。也因此身边有很多朋友，但偶尔我懒得“假装”，想要自己一个人静静待着的时候，大家就会不断问我怎么了。要一一解释也有点麻烦……外向的人难道不会有突然不想说话的时候吗？

答

其实外向的人，也会有想要钻进“洞窟”里的时候。只是他们的临界值比内向者高许多而已（虽然有些人的临界值并没有很高，但对内向者来说，看起来就像无限大）。

第一次看到这种情况，或是不太能理解内向者的人，就会担心地来确认我们的安危。我们一方面会觉得自己不被理解，但另一方面也会觉得身边有人会担心自己，真的是很令人感动。

所以我平常会很明白地提前跟身边的人说，我现在要进入洞窟里闭关了，像是告诉他们“我要是累了，会懒得开口，要让喉咙休息一下”，或是“我压力一大，就必须睡一整个周末，所以打电话会联络不上我”之类的。

我真的想成功吗？

“如果可以保证你像防弹少年团那样在全球获得巨大的成功，你愿意现在成为偶像出道吗？”

我跟一个朋友一起在看最近最火热的偶像团体的相关新闻，他突然问我这个问题。

感觉应该要秒速回答“怎么会不愿意”，但我实在没办法轻易说出口。老实说，我现在也还不太知道这个问题的答案。

从小我就很害怕自己一个人出去抛头露面，但如果有人硬把我推出去，我也能接受。我确实擅长某些事情，也希望凭借这些技能获得认可，但却不会心甘情愿地这么做。

这几年来，虽然也渐渐了解到所谓的成功，就差不多是这个样子，但我也越来越搞不清楚：我真的渴望成功吗？

随着经验的累积，我发现人生本身就是一种营销。所谓的营销，其实并没有什么特别。很多时候我会发现，并不只有艺人或销售人员需要展现个人长处。在社交媒体上展现自己是一种营销，从广义来看，与人交往、说服他人，也都属于营销。

无论在哪个领域工作，拥有多么了不起的能力，也都需要努力让他人认识自己，否则就只会被埋没。就像“锥处囊中，其末立见”，优秀的人很快就能够凸显自己，但也必须花费相当多的时间努力宣传，这是我最近通过生活验证的理论。

所谓的成功，其实包括了自我营销的努力，以及是否禁得起知名度带来的副作用。而这对内向者来说，是非常令人不知所措的事情。

内向者的内心会这样想：

“希望我自己努力做出成绩，然后我的价值被大家看到，让我自然而然获得成功。也希望不需要一直出现在大众面前，那份成功也可以永远持续下去。”

这样写出来，感觉就像是只想不劳而获的小偷心态，但其实大家心里应该都有类似的欲望。只是个性越外向的人，就越不会抗拒自我营销，也越可以承受这一切带来的副作用。如果让一个内向者去营销自己，那么他对成功的欲望就应该要更强烈。

那些个性很内向，但开始积极地自我营销、踏上成功之路的人，其内在都有非常强烈的动机。通常都是人生中的几件大事，让他非常渴望成功。

无论多么内向的人，都会在那短暂的瞬间像是顺水推舟一样遗忘自己的本性。

之前我曾经短暂达到类似成功境界时，就是这样子。当时人生中的重大事件如暴风雨般向我袭来，所有除了求生意志以外的自我都像被坦克碾压一样，完全感受不到任何抵抗。可能是因为现在的生活过得比当时好一些，所以对成功的欲望也没有超越抗拒感。偶尔在凌晨惊醒时想到这件事，还是会觉得要带着那些令人无法入睡的烦恼生活，真的是无法接受。

现在的我知道，自己眼中金光闪闪的奖杯不是成功的本质，我同时也不会对无法成功的人生感到悲伤，更不会任意评断他人的成败。

我只做天性许可范围内的事情，诚实地应对。如果获得不错的结果，我会认为是欲望驱使的成果，并对此感到满足。如果有幸获得成功，我会感谢上天并承受随之而来的副作用，这就是我的计划。

内向者的野心

我从小身体就不好，只要稍微勉强自己就会生病，所以无论面对任何事情，我都无法一次倾注所有的热情。

为了过得像别人一样，我必须更脚踏实地。无论读书或是工作，哪怕只要有一点点进度等着我完成，我都会每天去做，避免临时抱佛脚的情况发生。决定要每天走路一小时当运动的时候，我也是先从每天走十分钟开始，一点一点地增加时间，一直到可以走满一小时为止，总共花了三个月的时间。

去旅行时也是一样，在几个月前就先把机票买好，一点一点建立旅行计划，尽量做好所有准备，把体力的消耗降到最低。

所以当爱情这种无法周密计划的事情，如暴风雨般降临的时候，就会让我感到很辛苦。

我还是经常会“想要成为什么”，并想要为了那个目标而努力。会想要像为了梦想毫无保留地燃烧自我的小说主角一样，度过拼尽全力的年轻岁月。但现实中的我却弱不禁风，即便是面对自己喜欢的事情，仍然无法熬夜，狂热的自我一直被困在这个孱弱的躯体中，就这样活在这个世界上。

以前我一直觉得，这一切完全是因为我天生体力不好。但看看周遭才发现身体比我更差的人，必要时还是可以挤出内在的能量，活得非常精彩。那时我才意识到，所谓的热情不是专属于健康或体力好的人。花了很多时间，我才知道我天生的习惯并不只是因为体力不好，也因为我是个很容易把活力用尽的人。

非常内向的人如果想过一般人的生活，就会经常生病。因为即使自己没有察觉到正在承受压力，身体还是会有反应并发出警告，燃烧自我的机械效率会降低，能量也很快就消耗殆尽。

这种人会一边慢慢跑，一边去注意燃料桶内的情况，而且必须适时地补充燃料。如果把车开上高速公路，一个劲儿地往前狂奔，就会在不知不觉间面临猝不及防的燃料枯竭，束手无策地停在半路上。

这样的内向者似乎不适合野心这个字眼，但意外的是，那些接近成功的人当中，内向者的比重其实并不低。之前我为了写书，曾经到处访问成功人士，其中内向者反而比较多。他们的共同点是，只看着最后的目的地，但不会全力加速向前冲刺。

“既然已经有了目标，那走着走着总会到达终点的。”

本着这样的想法，他们会鞭策自己勤劳一点，迈开步伐前进。

其实真正的内向者并不喜欢迎接挑战，想到要面对一大堆新的事物，就会让他们觉得很痛苦，但是碰到工作过程中来自四面八方的问题时，他们也还是能够见招拆招。

过程中不放弃，努力坚持到最后，就会发现自己已经抵达了终点。

输出功率很强的外向者，虽然能够爆发出超人的速度，看起来好像瞬间跑了很远，但反正最后都是要抵达目的地，其实没有什么差别。内向者就像八旬老人开的车子一样慢慢行驶，而且必须要经常进加油站补充燃料，但最后仍会抵达目的地。

虽然并不是所有人都需要成功，却必须要选择活出属于自己的人生。这虽然很耗费精力，但动力比较弱的内向者也做得到。因为内向者拥有功能比较强的导航，或者是他们更能够专注在导航的指示上，所以有时候甚至会比外向者更快抵达目的地。唯一能够确定的是，只要愿意，内向者确实可以按捺心中的恐惧，帮助自己走得更远。

即使像烛光一样微弱，但只要能够倾注热情，微弱的热情仍能驱使我们迈出步伐并抵达目的地，我希望能每天提醒自己这件事，并永远将其记在心中。

只要愿意，内向者确实可以按捺心中的恐惧，帮助自己走得更远。

达成野心的内向者

阿图尔·叔本华

他一辈子没有朋友、没有恋人，是个热衷于折磨母亲与老师的人。因为把父亲自杀的责任归咎在自己身上，开始怨恨起个性乐观的文学家母亲，再加上成长过程中被排挤，他最终成为阴郁的厌世主义哲学家。他曾经诋毁当时最德高望重的哲学家黑格尔，认为自己创立的生命哲学无人能及，是对自己莫名有信心的隐士。

这样的他，却还是必须跟别人来往，甚至会定期邀请村子里的居民共进晚餐，跟居民们和平共处。

安迪·沃霍尔

他是结合艺术与流行的波普艺术创始人，借着独特的艺术作品、与知名人士的交流、银色假发与太阳眼镜吸引全球目光，名副其实地“爱刷存在感”。他不光有独特的艺术眼光与天生的才能，更擅长自我营销，所以他还在世的时候就已经是个传说。

但他的个性其实超级内向，小时候是个可以自己一个人画画好几天的少年，也几乎不太交朋友。即使如他所愿地成名之后，他的个性依然没有改变。戴银色假发与太阳眼镜，其实是为了将真实的自我隐藏在他所创造的角色形象背后。当他在接受胆结石手术时意外辞世之后，也是以戴着银色假发与太阳眼镜的造型下葬。

甘地

他是领导非暴力不合作运动的人，被称为印度的国父。他挺身而出，带领印度的民众对抗强大的帝国主义，同时又是个内向又谨慎的年轻人，这真的超乎我们的想象。

他是一个害羞、不太会交朋友的少年。好不容易当上律师之后，第一个委任案就因为太紧张而无法好好辩护。甘地为前往南非工作的印度人遭受不当的待遇而愤愤不平，发起反抗运动的同时，他的个性也有了一连串的改变。投身民族运动之后，甘地经常独自冥想、沉默不语。

佛莱迪 · 摩克瑞

佛莱迪 · 摩克瑞是英国传奇摇滚乐团的主唱，最知名的特色就是他的独特演出。他的动作十分轻盈，能够自在地在舞台上穿梭，带动数万名观众的情绪。要在这样的他身上找到内向者的特质，其实是非常困难的。但他周遭的亲朋好友，都证明说他是个非常内向的人。

没有公开活动的时候，他经常自己一个人待着，也不太擅长面对媒体和采访。有别于舞台上充满男子气概的模样，他其实是个非常感性的人，总是在自己的世界里获得艺术的灵感，为了将这些灵感传达给大众，所以只会在舞台上展现出充满爆发力的能量。我们可以说他确实是只在必要的时候，打开社会化开关的代表。

CHAPTER 3

让原本的我做原本的我

跟猫很合得来的原因

有一段时间，我最无法理解的就是那些养猫的人。一方面是因为我原本跟动物不太亲近，另一方面也是因为，养狗的理由比养猫明确很多。身边有一个会不断对自己表达爱意的宠物，想想就很吸引人。

猫是不太会亲近人的动物，而且它们给人感觉很阴沉，实在让人没什么好感，现在已经不需要抓老鼠，人为什么非要跟这么冷漠的动物一起生活，我真的是怎么也想不通。而这样的我，却在因缘际会之下养了一只猫，这也改变了我这极端的想法。

“为什么不养猫呢？”

偶尔看到朋友家的狗，我一定会毫不犹豫地称赞狗很可爱。

但狗那种表达爱意的方式，却会让我瞬间用尽自己一天的能量，我无法好好报答那份爱与喜悦，实在很有罪恶感。虽然曾经想象过几次跟狗一起生活，但最后我的结论都是这不可能。

狗拥有赌上一切，只爱着主人的那种盲目。

如果想要转移它对我的关注，就必须要不断跟它互动，但我实在没有自信能做到这个地步。不符合条件的我，只能远远地看着别人带着狗到外面散步，暗自羡慕。

猫很安静，很悠闲。吃东西、上厕所、洗澡，完全都不需要借助人的帮忙。它们一天睡十六个小时，会自己过自己的生活。虽然看起来对身为主人的我很冷漠，但也还是常常跟前跟后。如果我从客厅走到书房去工作，猫就会默默地跟过来，跑到书柜上睡觉。

而我工作结束之后，看起来比较有空了，它也会露出一副终于等到我有空的样子，对我“喵喵”叫几声。我们用尽量不刺激彼此的方式相处，我觉得这跟我很像。

就像内向者们擅长的沟通方式一样，跟猫的交流也必须更专注。只对最亲近的几个人表达自己的爱，如果是和别人在一起，就会完全不表现出任何情绪，甚至会疏远主人。虽然也会对主人表现出不输给狗的亲密与甜蜜，但猫的表现方式却比较隐晦、安静。

对必须完全沉浸在独处中，才能获得力量再次融入群体的我来说，经常会觉得猫才是最理想的室友。一天里大多数的时间，都享受各自的私生活，偶尔对视的时候也会开心地交流，这让我们彼此都很满意。这种几乎可以说是灵魂伴侣的“各过各的，但却生活在一起”的相处方式，让我发现跟这家伙相处并不是那么困难的事。

最让我满意的是，猫并不会为了讨我欢心而刻意忍受它不喜欢的事情。如果不想被抱着，它就会挣扎着逃离我的怀抱，也不想要勉强自己接受训练，更不会为了吃鱼而假装撒娇。作为一个敏感的人类，我实在不想要再去处理一些令人头大的事情，所以猫的这种天性，真的让我非常感激。

那种必须用心观察的人际关系，只存在于人与人之间就好了。如果猫能够说话，那最常说的话可能会是“我没事，我会自己看着办”吧。

因为工作的关系，我大多数的时间都是自己一个人，如果工作时间很长，我就会离开书房或是工作室到咖啡厅去。虽然无法避免独处，但如果真的只有自己一个人，又会觉得很孤单、被孤立，为了跟“不会妨碍我的陌生人”在一起，便选择了咖啡厅。但开始跟猫一起生活之后，我不会再这么做了。因为这家伙可以给我想跟陌生人待在一起，但又不想被打扰的感觉。如果有人发现在咖啡厅写作的我，那绝对不是因为我孤单，而是因为在家完全没有任何灵感，想换个环境，所以才会动身离家。

静静看着这只养了三年的猫，我开始能够理解我身上连自己都没能发现的那一面，也可以理解那些跟我一样内向的人。

对那些无法理解内向者为何不能主动出击的外向者来说，可能会觉得有点奇怪，但其实同类之间应该也无法很快拉近距离。所谓的关系，是要有人先跨出一步才会成立，如果两个人都很内向，那就要花很多时间才能缩短距离。而比较不那么内向的那边，自然会变得更积极。所以跟猫在一起的时候，我会变得外向一些。

分享着宁静，只靠其中发生的空气变化，就足以意识到彼此的存在，我觉得这真的很迷人。

晚餐没有约会的原因

要跟人见面的话，我通常会约午餐。如果是因为工作见面，那约午餐很正常，但即使是跟熟识友人的私人聚会，我也还是会约午餐。如果不是对方只有晚餐有空，或是讲好要喝酒，我都会提议说在白天见面。因为晚上跟别人见面这件事，带给我的压力很大。

这不只是因为感觉很累，也是因为“人”这种刺激，入侵了夜晚这个休息时间。

对敏感的内向者来说，这世界带来的刺激当中，最强烈的非人莫属。其他的刺激都是单方面的作用，虽然会让我感到疲惫，但只要隔绝这些刺激就好，只有人没办法这么做。付出和获得，两种刺激同时作用着，也令我的疲劳加倍。交流的人数越多，这些刺激就会以等比级数增长。

如果到晚上还要接受人这种极大的刺激，那天晚上我就会睡不好。即便躺到床上准备入睡，我的精神仍然完全紧绷，妨碍我入睡。所以我需要在白天跟人见面，晚上让自己有独处的时间。

如果晚上的聚会非常有趣，或是要跟有趣的新朋友见面，那天晚上就根本不用睡了。我会像喝了十杯咖啡一样心跳加速，并且不断回想那天分享的对话。晚餐时那些印象深刻的画面，会不断在我脑海中的电影院回放，辗转反侧无法入眠。而只要有一天睡得不好，接下来就必须承受维持数天的后遗症。

遇到这样的情况，酒精其实是很有帮助的。

适当的酒精可以抑制交感神经，使它不那么敏感，也会让我不那么累（这里“适当”是很重要的）。曾经有段时间，我一直不能理解为什么只要参加晚上不喝酒的聚会，就会更虚弱无力。

很多内向的创业者，常常要在喝了酒之后才能真正开始聊工作的事情。在酒席间提出建议，深入对谈，然后在精神比较清醒的白天开始执行这些计划。以前我都认为这是一种让对方卸下防备的策略，但现在才发现，原来这是为了自己。让自己不再对跟人沟通这件事这么敏感，也可以缓解说服他人的紧张与害怕被拒绝的担忧。

晚餐的聚会，对我来说是很微妙的存在。

其实接受这种刺激并不是什么坏事，毕竟平常我只是独自写作，跟人见面这件事就是一种特别的活动。在圣·埃克苏佩里的《小王子》中出现的那只狐狸曾说：“如果你下午四点要来，我从三点就会开始觉得幸福。”而我则是会从一天前就开始兴奋，并不会因为是晚餐聚会就少一些兴奋。但如果因为不得已的原因要取消约会，我也不会失望，还会很开心。可以度过一个意想不到的自在夜晚，那样的安心感能让我更加满足。

如果不是内向的人，肯定无法理解这种矛盾。

曾经有段时间，我总会刻意压抑或是对这种生理上的疲劳视而不见，当时也不能理解，为什么有时跟人见完面回家后会感到空虚。现在回想起来，那是因为在那场聚会中所获得的，远远比不上我所失去的。

过去的我会随便出席聚会，而现在的我能有意识地平衡得失，反而开始觉得聚会有价值了。

我现在会一个星期休息，一个星期聚会，让自己有一个星期的时间去兴奋地准备。

为什么失恋的配角总要出国？

爱情剧当中不可或缺的元素，就是三角关系。可以是两个女人喜欢一个男人，也可以是两个男人喜欢一个女人，有时候则是两者兼具。总之，男女主角一定会牵扯在一起，把身为情敌的配角给击退，很多时候这些配角都会在失恋后出国消失。

这虽然是象征主要的感情线开花结果、尘埃落定，但同时也具备其他的象征意义。一方面是象征配角无法争取到自己的恋情，另一方面也是在代替观众告诉这些配角，不要继续待在这个国家，看自己不想看的东西，快到国外去过自己的人生吧。到国外去这件事情，不仅代表去旅行，同时也具备转换心情、好好休息的意义。

有一次我看到连续剧里那个失恋之后准备搭飞机离开的配角，突然有了这样的想法：

如果换成是我，我真的会想要搭上飞机到陌生的地方去吗？

光想都觉得可怕。

对我来说，旅行并不是为了改变坏心情而去的，而是在最健康、心情最好的时候，为了让自己身边发生更多好事而去的。

仔细一想，到全新的环境似乎能帮助我们忘记过往的坏经验，但其实事情并非如此。

很久以前，我曾经为了寻找抚慰内心伤痛的方法，独自一个人去旅行。出发后我便带着一切都会恢复原状的想法，勇敢地踏上旅途。但这一趟旅程不仅没安慰到我，反而更让我感到孤单。在海关受到盘问比平常更让人难受，接连的突发状况也不再是一种惊喜而是苦难。待在陌生的地方一直都让我感到不安，回来之后要同时承受旅行后遗症及没有改变的现实，也更加令人痛苦。

要适应新环境的时候，我们需要有能够对抗压力的力量。但如果处在失恋这样已经精力枯竭的状态下，那些小小的错误，都会令人压力倍增。

即使到了国外，我们大部分的时间还是会跟平常一样。即使飞到地球的另一边去喝哥斯达黎加咖啡，还是会想起跟分手的恋人一起在咖啡厅的情景；即使到了北极去看极光，还是会想起对方穿着羽绒服的背影。如果离开地球，到完全无重力的太空站去，过着完完全全跟过去不同的生活，那是否就能遗忘呢？

如果是喜欢多巴胺刺激的外向者，或许可以通过新的刺激与冒险，帮助自己忘掉一定程度的悲伤。但对必须在安定的情况下才能获得幸福感，才能感觉到积极、乐观的内向者来说，旅行这种刺激只会让人感觉更痛苦。

或许我们需要的是“离开那些事情”的象征性仪式。如果是这样，还有必要非得逃到充满着全新压力的陌生环境吗?

如果我有想要忘记的事情，我就会在自己熟悉的地方尝试做一些改变。

我最常用的方法，就是把东西扔掉。

有一点点小压力的时候，我会把用不到的文件、不会拿出来用的笔清理掉，更进一步还会把几件不穿的衣服扔掉。如果遇到可能会影响整个人生的巨大压力时，就会开始扔家具。当然我也不是随便乱扔，而是尝试让自己只留下最低限度的必需品。

有时候我会为了品尝前所未有的美味，去知名餐厅来趟美食之旅；有时候则会反过来用运动和减少进食量的方法，来控制体重。

为了遗忘而离开，并不是离开我所在的地方，而是离开“我”。对某些人来说，旅行这种生理上的离开或许会有帮助，但并不适用于典型内向的我。

旅行这种宝贵的体验其实非常辛苦，而我希望在自己充满力量的时候去尝试。

轰动的好消息对内向者的影响

如果你问一个人希望发生什么事情，让自己在最短的时间内变幸福，我想很多人会说中乐透。

但，真的是这样吗?

我不打算在这里回答是或不是，但至少我知道对内向的人来说，这种轰动的好消息，并不会跟幸福有直接的关联性。

我的生命中，也曾经有过几个天大的好消息。像是第一次听到我的书在中国畅销，因而受邀前去出席活动的时候，以及看到曾经担心因为个性内向，不能适应小学生活的女儿，毫不畏惧地站在台上发表演讲的时候。

如果有一直单恋我的男生，突然向我告白，那我也可以把这件事放入好消息的名单内，但可惜的是我连做梦都没梦过这种事。

要是有这种事，我应该会心跳不已非常开心，但“心跳不已”这几个字其实是个陷阱。心脏快速跳动，就会让人有一种喝了一大桶能量饮料的感觉。这种敏感、癫狂的情绪，很快就会变成头痛，最后则会让心情变差。

幸福反而会在这种具有冲击性的好事发生一段时间之后，才找上门来。通常是慢慢感受到这件事情带来好的结果，或是站得远一点去看事情的全貌时，才会开始觉得幸福。

我们常会想，过了人气巅峰期渐渐走下坡路的名人，肯定会觉得有些凄凉。

但实际上那些失去光环的名人，过得比过去更满足。有一次我遇到一位曾经在自己的专业领域获得最高成就的名人，他的一番话，也让我更深入地思考这个问题。

“我曾经获得过最高的成就，拥有这个回忆就够了。虽然别人说我过气了，但我还是觉得现在这样很好。”

如果就连曾经获得最高成就的那些人，都要在过了这波冲击回归日常之后，才会感觉到幸福，那我们现在脚踏实地经营的日常，是否也能带给我们幸福呢？

如果你可以从那些喜悦中跳出来，在碎屑一般的日常生活中也能感受到幸福，那或许在没有什么大变化的日常生活中，你也同样能够获得幸福。

曾经有人问我什么时刻让我觉得最幸福，我当时这样回答：假日吃完午餐之后，跟家人坐在一起喝咖啡。对我来说，幸福的风景不是像泥石流一样瞬间扑面而来，而是一般的日常风景。

察觉到这件事情，会让自己变得更有效率。我会等待着人生中至少有过一两次的那些时刻，静静地珍惜着幸福不多不少刚刚好的日常。

我的生活看起来很无聊吗?

一年轻女性一到假日，就会在家读书。有一天，她认识了一个生活与她截然不同的朋友。她跟着这位朋友一起体验了很多崭新、有趣的项目，以此为契机，这位女性发现了新的自我，走进更开朗的世界。

是不是觉得好像在哪看过这个故事?

那些描述喜欢自己一个人待着的失败者的剧本，一定会出现这样的安排。内向的人因为个性太谨慎，无法享受人生的乐趣，某天出现一个如救世主般的神秘外向者，彻底解放了主角。尤其是认为内向会对社会产生副作用，具有美国情怀的好莱坞剧本大多会这样写。

但是啊，内向的人并不是没有跳脱自我的勇气，所以才被困在平淡无奇的无聊人生里。

在别人觉得很无聊、无趣的生活中，他们可以充分地感受到快乐，所以才会过着这样的生活，并不是他们过着需要别人来拯救的悲惨人生。

老实说，我从来不会觉得“无聊”。小时候经常做白日梦的我，在需要坐车坐很久或是自己一个人走很远的路时，都不会觉得腻。住在位于市场入口的公寓时，我经常趴在窗边往下看三四个小时。虽然什么事情都没发生，但这个世界静静运转的样子，总是让我觉得很有趣。

长大成人之后也还是一样。朋友催促我一起加入充斥着酒精与跳舞的夜生活，听他们这样说，就觉得好像非得这么做，才可以不落人后、加入主流，度过毫无遗憾的青春岁月。

但去到现场之后发现，一堆人聚在一起跳舞的地方，就是个没有任何意义，只充满各种刺激的场所。空间里充斥着刺眼的光线、噪声与混浊的空气，几乎不可能和身边的朋友好好聊天。那或许是我长大之后，第一次感觉到“无聊”的时刻。

我觉得日常生活中的刺激，反而可以带给我更好的体验，所以对夜生活毫无兴趣。看恐怖片、高空蹦极、搭乘惊险的游乐设施、极限运动等，都很刺激、很棒，但我不觉得自己需要这么强烈的刺激。这个世界本身就充斥着许多危险的刺激，为什么非得去经历这种濒死体验，真的令我费解。

对我来说，超出日常的刺激如下：

吃平常不会吃的料理。

主动发消息给很难相处，但想跟对方拉近距离的人。

穿上华丽的衣服。

对偶遇的人表达亲切感。

旅行，不管是去哪里，就是旅行。

……

只是想想，就会让我不断分泌肾上腺素。

看起来生活很单调的内向者，其实很有可能反而过得更有趣。那些感受不到日常生活中微小刺激的外向者，只能通过特殊的活动或成就感受到乐趣，但内向者对趣味的临界值比较低，所以不必受太多折腾，就可以感受到乐趣。

据说内向者就连在休息的时候，大脑的活动都很活跃呢。

内向者的小乐趣

我正通过在线课程学画画。因为不想花时间和精力去补习班，而在线课程没有压力，不会觉得对不起老师，学起来很放松。完成一幅画的时候，我会上传到网络上，这让我感到心满意足。

我在养多肉植物。多肉植物不仅不占空间，而且也非常可爱。我是上班族，所以经常不在家，对体力很差的我来说，要养宠物是件困难的事。虽然多肉植物有点麻烦，而且生长的速度也很慢，但只要我付出一定程度的关爱，它们就可以活很久，运气好的话还会开花呢。

我在网络上会用笔名发表一些短文，虽然很喜欢写作，但不太好意思给别人看我的作品。毕竟我有其他的工作，写作能力也没有获得认可，所以只是抽空写写小说，然后再定期发表而已。虽然反应没有非常热烈，但有人喜欢我写的文章，已让我感到满足！完成这部小说，让作品可以有个结尾是我的目标。

请不要太顾虑我

这是我跟某人吃饭时发生的事。对方在我开始进餐之前，很快地摆好了碗筷和纸巾，还帮我倒了水。吃饭的过程中，也一直把我经常去夹的菜换到我面前，如果我喜欢的小菜快吃完了，他就会很快叫店员来补上。如果汤快喝完了，他就会再拿一个碗帮我盛一碗配料丰富的汤。

这位这么细心照顾我的人会是外向者吗？还是比较有可能是内向者呢？

虽然我们一般都觉得对他人的情况较敏锐的内向者会更细心，但在日常生活中其实不是这样的。会这么毫不犹豫地照顾他人的人，其实大多都是外向者。内向者其实更擅长一般人不太会注意到的“消极的贴心”。

像上面说的这个用餐的情况，我就会对这位细心照顾我的人留下好印象，但他越细心照顾我，我心里也就越是狂风暴雨。

对方一直在干涉我用餐，他照顾我的时候，我的注意力不是放在舌头上，而是放在他的手上。而且他几乎是每分钟都在为我做这些事情，也就表示他吃饭的时候一直在注意我。

“以女生的标准来看算是能吃的、原来她喜欢肉啊、她只吃汤里面的配料……”

我实在很抗拒对方注意并记录我吃东西的行为。

另一方面也会开始担心，被照顾的我是不是太不懂礼数了。

比起把对方照顾得无微不至，内向者认为的贴心，应该是不做让对方感到不舒服的事情。己所不欲，勿施于人，这是他们最低限度的贴心——所以如果对方表现出积极的贴心态度，他们会觉得对方可能是喜欢这种行为，并且犹豫自己要不要改变态度。

如果我要照顾对方的话，该怎么做才好?

如果笨拙地去模仿对方的行为，反而会在不知不觉间让气氛变得很微妙。这也使得内向者陷入要贴心也不是，不贴心也不是的窘境。

要做照顾别人这件事，就必须要承担可能会让对方感到不舒服的风险，所以其实很需要勇气。对情绪非常敏感的内向者，比起冒着被对方拒绝的风险去赢取额外加分，反而更满足于小心不要被扣分。花时间慢慢向对方表达自己的真心与魅力，会让他们感觉比较自在。

跟生活一帆风顺的时候相比，在缺乏什么东西的时候，反而会更能感受到内向者的消极贴心，因为当你想要填补某些不足时，对消极贴心的需求肯定会比过往更加强烈。

偶尔会遇到一些把你那“拒绝他人关心的想法”都照顾得无微不至的人，这时候你会立刻明白，这些人肯定经历无数的试错、累积了大量的经验，才会做得如此天衣无缝，滴水不漏。每次看到他们的微笑，想起让他们练习这些贴心的残酷职场，心里不免觉得有些难受。

虽然大家的风格都不一样，但随着交往的深入，无论是哪一种形式的关心，都会让人感觉温暖。我们可以直接告诉那些过度贴心的人，要他们别再花心思照顾别人，而对于那些已经习惯照顾他人，也觉得这样比较自在的人，也不要去阻止。在面对那些连我失败的贴心都能包容的人，我也会尝试更积极地付出我的心意。

但遇到那些虽然已经被拒绝，但还是会时不时地付出一点小小的关心，并借此往自己脸上贴金的人，我就会比较警戒。因为实在很害怕他们在付出的时候，也会期待从我身上获得一些什么。

我要是哭，希望大家都不要管我

跟朋友们聚会的时候，你听到一个很难过的消息，十分伤心的你，不知不觉间哭了出来，这时你会希望朋友怎么对待正在哭泣的你呢？是希望他们围绕着受伤的你，陪伴你、安慰你呢？还是简单说几句关心的话就离开，让你自己一个人安静一会儿呢？

老实说，我曾经看过一个外向朋友跟另一个内向朋友在面对这种情况时展现出截然不同的态度，而他们也因为这样跟对方产生了些误会。

“你怎么可以丢下正在哭的我自己离开？”

“因为换成是我，在那样的情况下会想自己一个人静一静，我以为你也想这样。”

在我们的认知中，真正的安慰通常都属于前者，但内向的人通常都希望是后者。

我认为，哭泣是非常私人的事情。无论关系再好，都不想让对方看见自己哭泣的样子。哭到眼眶泛红、鼻涕流个不停的样子，就连自己看了都觉得不好意思。希望可以在一个没有人看到的地方，自己一个人尽情地哭个痛快，然后再把现场整理干净。如果能够丢下这样的我不管，等我浮肿的双眼稍微消肿时，再递个美食、给我讲个笑话，我应该会觉得非常感激。

在承受极大压力的情况下，我觉得独处比较能获得疗愈。时刻关注他人情绪的内向者，身边有人的时候，会非常在意与他人产生的相互作用，所以不太会去顾及自己受的伤。他们必须用不被任何人注意到，属于自己的方式来平复这些痛楚，恢复原状。

养育孩子的过程中，最让我感到痛苦的时候，并不是连续几天没办法好好睡觉，也不是无法跟朋友见面，只能困在家里，而是需要安慰的时候没办法独处。有长辈说“当你因其他事而痛苦时，只要看到孩子的笑容，那些烦恼都会消失”，这句话根本就是骗人的，至少对我来说是这样。

孩子虽然很可爱，但他们占据了我全部的时间，我无法独自一人消化痛苦，因此有了孩子之后，难过的时候我会更难过，高兴的时候也会更高兴。

在内心最黑暗的时候，我们会希望好好独处、好好照顾自己。一旦外出与人见面，又会希望借由与他人共度的时光，来清理那些痛苦的残骸。

那如果身边有看起来需要安慰的人时，我们要怎么判断自己该采取哪种态度呢?

我女儿现在六七岁，是个爱哭鬼，连她自己都能意识到。如果她为了一件事情伤心到哭个不停，我就会问她：

“你要回房间自己哭吗？还是要妈妈抱你呢？”

她会停止哭泣，转动一下眼珠，说她要回房间自己哭。

我会叫她自己去哭个够再出来，把她送回房间。朋友要是看到这个场景，一定会气到说不出话来。因为我看起来就像是个对哭闹的孩子置之不理，让孩子自己一个人在房间里哭的残忍妈妈。

但每次我这样处理之后，孩子都会在房间里放声大哭，外头都听得一清二楚，然后带着开朗的表情，顶着个红红的鼻子走出来，开始跟平常一样玩。可能是因为像我吧，这个超级内向的女儿就是一个需要独处时间的孩子。

我是沉默的美发沙龙常客

我每两个月会去一间小型的美发沙龙报到，那里离家很近，而且使用的产品也都很好，所以我就成了常客。某天我去的时候，发现原本的那位发型师辞职，换了另外一个新人。虽然有点担心，但我既然预约了，就还是把头发交给那个人，然后像往常一样开始看起杂志。

但我突然产生了不好的预感。那位设计师是个话多到超乎想象的人，我有一搭没一搭地回着话，但他还是滔滔不绝地说个不停。我以敷衍的回答，视线集中在杂志上，来表达“请你到此为止”的意思，但他却一直停不下来。如果在这种情况下，直接跟对方说请他安静，他应该会很不高兴。

于是我只好放弃，用爱理不理的态度随便回个几句来撑过那段时间。

我真的不想在漫长的时间里，听别人推销产品，或是听一些陌生客人的家事。正当我开始感觉到头痛，已经快分不清楚设计师在处理的究竟是我的头发，还是其他客人的头发时，这仿佛坐在中世纪欧洲拷问椅上的时间终于结束了。虽然换了设计师，发型还是让我很满意，我却再也不想去那间美发沙龙了。

我知道有很多人喜欢跟发型设计师聊天，如果想借由说话来抒发压力，他们的确是很好的对象。利用为客人整理头发的机会，来满足自己说话的欲望，而且也可以放心地跟一些彼此不相干的人，去谈论其他陌生人的事情。

但对我来说，聊天和工作一样辛苦，我无法跟话多的设计师相处。找一位安静沉默的设计师，让他可以专注在自己的工作上，这对我们彼此来说才是最好的状态。

内向者跟敏感的人，虽然在心理学上被区分开来，但其实有很多重叠之处。内向者不光在心理上敏感，对情绪也十分敏感。

朋友都觉得我看起来很迟钝，但其实我除了视力稍弱之外，其他感觉都敏锐得过度。我必须独自忍受别人没有闻到的隐约恶臭，即使关上窗户，还是可以通过“灰尘的味道”知道沙尘暴来了。

美发沙龙、美肤沙龙、美甲沙龙等空间，对我来说不光是享受专业人士带来的服务跟成果，更是休息的地方。我喜欢头皮或是皮肤的穴道轻轻地被刺激，我想要好好享受那种慵懒的感觉。

有人会认为那段时间很无聊，必须一直跟员工搭话，但我实在无法对此产生共鸣。

在陌生人的手与我的头发、皮肤接触、摩擦的时候，我会感到有些尴尬，因此我从来不会在按摩的时候睡着。

以前无论在什么情况下，我都会先顾及别人的心情。所以有人想跟我搭话、聊天的时候，我都会尽量配合对方，保持耐心和礼貌。

现在我和固定的发型设计师见面时，会先露出一个大大的笑容并且热情问候。然后针对发型、发质分享一些信息与意见，等设计师正式开始处理我的头发，我们就会静静进入各自的世界中。要说离开之后有什么改变的话，那就是头发变轻了，当然，大脑感觉也轻松不少。

内向者的共同疑问

问

买东西的时候，如果店员执意要说服我，即使那个东西我根本就不喜欢，最后还是会买下来，可是回到家我就会后悔。还有去美发沙龙时，也经常会在发型设计师的建议下多做了昂贵的服务，最后在看到报价单的时候后悔万分，有一种当了“冤大头”的感觉。这好像都是因为我个性内向又谨慎，该怎么做才能改变呢？

答

内向的人天生就比较会顾及别人的心情，而忽视自己的实际情况，即使对方是陌生人，还是无法冷酷地拒绝。

无法冷静面对这种情况的最大原因，就在于你自己也不知道自己的想法。好像蛮喜欢这个东西的，但另一方面又觉得价格有点高，也未必适合自己。而店员会很快掌握你的内心冲突，并且从中找出破绽。如果你已经掌握了足够的信息，就可以不被自己的个性左右，更果断地做出决定。

建议不要冲动购物，也不要没做任何功课就去美发沙龙。这样你就能判断店员的建议到底是胡说八道，还是合理的推荐，也可以做出不后悔的选择。

信息可以让那些模糊不清的推销变得更清楚。不只购物，很多事情都是这样。养成事先掌握信息的习惯，即使是谨慎的内向者，也可以抢先一步拥有发言权。

关于躺到床上就能睡着的生活

那是跟朋友去旅行时发生的事。我们订了一间“双床房”，躺在各自的床上聊个不停。聊了几句之后，朋友把原本靠在墙上的枕头放平躺了上去，结果没过几秒我就听见她安稳的呼吸声。我一边想着她该不会就这样睡着了吧，一边轻轻叫了她几声，但都没有听到回应。在陌生的房间里，而且跟朋友聊天聊到一半，她居然还能头一碰到枕头就睡着。

那时，我真的感受到前所未有的强烈嫉妒和羡慕。

从有记忆开始，入睡就一直是我的难题。

我经常要在脑海中数羊数到五千只，或是从九千九百九十九开始往回数，想办法让自己入睡。

睡前喝热牛奶或香草茶、更换寝具等帮助睡眠的方法，我也几乎全部都试过了。无论在什么情况下，我也很少会睡午觉。

每次至少要在床上辗转反侧三十分钟以上才会入睡，不知不觉间就发展成真正的失眠。

人虽然醒着，但是却不像工作的时候那么充满活力，眼前一片黑暗，看起来就像蒙克那张《呐喊》的背景一样是深蓝色的。睡不着的夜晚令我感到害怕，床也变成占据整个房间的巨大刑具。

有些人可能会因此对自己产生怀疑。

我为什么会这样？原因是什么？我的问题在哪里？

内心的问题一个接着一个，不断催生出下一个问题。这些想法在我们认真过着日常生活，专注在某些事情上的时候，会被掩盖在意识之下，却又在身体停止动作时冒出头来。闭上眼睛准备入睡的时刻更是如此。越压抑这些想法，它们就越活跃，令我们在不知不觉间全身紧绷，更难入睡。

我的失眠，在后来治疗恐慌症的过程中就自然解决了。

最近在睡前我会听有声书。最好选择趣味程度适中、对内容比较熟悉，而且由发声正确的主播朗读的有声书，这样才能帮助我们适当地专注，减少杂念的产生，接着在意识渐渐远离的时候，声音就会成为白噪音，很快就能入睡。

虽然入睡已经变得比较轻松，但我还是很羡慕那些好像身上有“关闭电源”按钮，只要一躺下就立刻睡着的人。我只能偶尔在体检中心，为了内视镜检查接受麻醉的时候体会一下那种感觉。那会是一种感觉眼皮十分沉重，一躺上松软的床铺，身体的所有感受就立刻中断的感觉吗？

把身体交给整洁干净的床单和松软的寝具，接着立刻进入甜蜜的梦乡，这种事情只是想想就很幸福。

我并不是觊觎自己没有的东西，应该说是对于或许永远无法享受的状态，有着一种幻想。

CHAPTER 4

只要一步就够了

不能在房间里解决所有的事情吗?

我偶然听见一群年轻人在聊天，从对话的内容来看，大家都觉得很辛苦，工作压力很大。对话过程中，有一个人抛出一个问题：

“你们觉得薪水要到多少，才能够辞职，做自由职业者？”

他们的答案真的让我很意外。

“我觉得一个月能赚到一百万（约为六千元人民币）就可以辞职了。”

“我觉得五十万（约为三千元人民币）差不多，只要可以不吃不喝，整天宅在家就好。不出门也不跟人见面，只在想工作的时候做我想做的事情。”

在社会上摸爬滚打过一段时间的人，听到这番话第一反应说不定是嗤之以鼻。觉得这些人年轻不谙世事，不食人间烟火，说不定还会批评现在的年轻人没有远大的志向，不想兢兢业业工作，只想追求安逸的生活。

但我听到这些话的时候，却产生很强烈的共鸣。因为我也非常想过这种生活，所以才会成为专职作家，才会选择一个大家公认会养不活自己的职业，而且我刚开始做自由职业者的时候，赚的就是他们所说的微薄收入。老实说，我现在还是会想，如果躲在房间里面整天写作就能养活自己该有多好。

内向的人当中，很多人都梦想拥有“在房间里解决一切的人生”。进入职场要跟人打交道，还要容忍他人的个性，这实在令人头痛。这已经偏离了工作的本质，而且还会消耗大量的精力。对跟外界互动时总会很快感到疲惫的内向者来说，人际关系本身就是最繁重的劳动。只要一不小心，就可能会对工作造成巨大的影响，不得不小心处理人际问题，所以他们才会这么渴望能够做个自由职业者。

但以我的经验来看，做自由职业者可能也无法实现这个梦想。首先，若依照我的个性，我只会跟出版社保持最低限度的交流，除了出书以外不想在任何地方曝光，想要一个人躲起来做自己要做的事，希望书出版之后能够自然畅销，不需要我抛头露面出来宣传。

曾经，作家们确实享受着这样的生活，但除了几位知名作家之外，大多还是必须能和出版社的工作人员交流，善于宣传个人作品的作者，才能够长期从事这个职业。

我是个懂得适时打开社会化开关的内向者，所以会视需求短暂离开房间。只需要拿出一点点的勇气，就可以获得好几倍的回报。

有了这样的经验之后就会发现，每次跨出自己的小世界时，内心的纠葛与冲突就会渐渐变得不那么强烈。

最近，即使没有人催促我，我也会自己制造跟读者见面的机会。这对我来说是非常了不起的事。从决定日期、租借场地到宣传预热，每一件事情我都非常用心。

这种幸福是难以言喻的，感觉就像坐上巨大的热气球，摆脱地心引力的束缚飘向空中。

不知从何时开始，我就放弃了要在房间里处理所有事情的想法。因为我渐渐发现这并不容易，而且也不健康。但我还是无法否认，自己一个人静静写作，还是最幸福的时刻。乘着热气球飞上天虽然刺激，但脚踏实地地踩在地上，才最自在安全。

内向者的共同疑问

问

我想当歌手，但我有舞台恐惧症，内向的我，能改变这样的个性站上舞台吗？

答

在人们的注目下展现自己的才能，对任何人来说都是非常紧张的事情，即使是善于展现自我的外向者也一样。

在舞台上表演，更看重的是熟练度而非个性。只要多练习，提前演练到闭上眼睛也能够完成的程度，即使觉得紧张，也能从容不迫地完成。你的专注力也会因此提升，很多人甚至表现得比练习时更好噢。

如果不管怎么练习都没有改善，那你可能有焦虑症的问题，最好去找专家咨询。我们常说的舞台恐惧症，其实也属于专家所说的社会焦虑的一种。

宅女的条件

在我足不出户好多天，埋头写作的时候，快递员发信息来说把东西放在我家门前。我正要出去拿，发现一双放在玄关的鞋子。当时有点奇怪，为什么这双鞋子看起来这么陌生，然后又想到：

“我上一次穿外出的鞋是什么时候的事？”

内向者通常都是宅男宅女，不管其他地方多么舒适，还是最喜欢待在家里。

下课回来发现家里空无一人，会有一种中大奖的心情，朋友邀我去夜店的时候，会觉得心理哪里不太舒服。

在这个充满刺激的世界，家是我唯一可以掌控的地方。可以配合我身体的状况来调整温度，也可以随意摆出让我舒服的姿势。最重要的是，在家里不会遇到对我造成极大刺激的“人类”。

我也有一些典型的外向朋友，他们在结束忙碌一天的工作之后，都说要去寻找安稳和平静，却总是不回家。他们会为了找回平静去寺庙寄宿，如果想要感受安稳，则会到东南亚的寺庙里学瑜伽或冥想。我实在是难以理解。

对我来说，为了学冥想而去国外的寺庙，本身就跟极限运动一样刺激。我并不觉得那是去休息。

就连出门旅游对我来说都是挑战，我只觉得打开家门走进玄关的那一刻是最愉快的。

内向者就像是做了一个茧，躲在里面长大的蚕一样，如果内心不能保持静默，那就无法安稳面对人生的下一个周期。

为了不让自己淹没在有限的空间里，宅还是需要一些原则的。

规律的生活。

我睡觉、起床和吃饭的时间很固定，每天早上都会安排好一天的日程。有时候那个日程可能是“一整天什么都不做”，但我会努力让自己的时间不被意志影响，保持积极运转的状态。自己一个人生活，如果没有好好控制，就很可能变得颓废消沉。

家必须要干净。

没有整理的物品、脏兮兮的地板，这些都会在无形之间吞噬人们的精神能量。有时候心里觉得很闷，就会把一些用不到的东西及时扔掉，身心因此得到放松。

犹豫要不要去的约会，不如就干脆出席。

如果遇到犹豫不决的约会邀请，说明出席其实也有让你心动的地方。那不如就去看看不同的世界，这样才不会后悔。

不要因为喜欢宅就放弃所有体验，我们还是要给自己接触外部世界的机会。

要运动。

我每天会运动一下让自己出出汗。我会在公园快走，天气不好的时候就在室内健身。习惯自我封闭的宅女，很需要深呼吸和让身体热起来的感觉。

今天是周而复始的星期一，原本安排好的会议取消，下一周的行程也一片空白。我看了一下记事本，反而觉得很安心。这让我不必在意任何事情，可以有一段完整的时间独自待在家，埋头于文字创作，感觉就像获得一份意外的礼物。

也再一次让我确定，原来我这个人就是喜欢宅。

给宅女宅男的最佳礼物清单

⊙ 无论是什么姿势，都可以滑手机的支架

⊙ 舒适度十足的居家服

⊙ 半成品食品外送商品券

⊙ 床上桌

⊙ AI 喇叭

⊙ 懒人毯

就像选择无线吸尘器一样

跟朋友聊天，才发现她最近开始学芭蕾，听说芭蕾可以矫正姿势，所以我问了她很多跟芭蕾有关的事，她说：

“你也试试看啊，下次要不要跟我一起去？”

我没有她那么强的行动力，如果我要去学芭蕾，那可能是至少接受了五个人的建议，而且当时住家附近正好也开了一间芭蕾舞教室，同时又有开业优惠，我才会考虑行动。但只要开始，我就不会放弃，一定会坚持学完。

根据脑科学家的说法，内向者的大脑即便在休息时仍会运作。对内向者来说，要做的事情太多，会变成一种非常大的压力。外向者只有在做事的时候会专注，但内向者却会时时刻刻想着那件事。就像我们不用计算机程序的时候，不把程序整个关掉，只把窗口关掉，还是会消耗大量的电力。一旦开始一件事情，那件事情就会开始消耗能量，所以内向者对于开始任何一件事都要更加谨慎。

不要去看太远的未来，放下想要认真拼搏的执念，从只需要动动手指的难度“随意”开始就好。

几年前，英国一间家电公司推出的无线吸尘器红极一时。

商场打折时让我产生了购买的冲动，所以我也跟上了这波流行。

无线吸尘器送到家的那天，我满心期待地打开电源，当它开始吸尘时，我却感到相当失望。我早就预料到了，这台无线吸尘器的吸力比不上一般的有线吸尘器。原本的吸尘器，只要放到地上启动电源，就会像个黑洞一样把地板上的灰尘给吸得干干净净，但这台吸尘器却没有那种爽快的感觉。

可是自从有了这个不那么让人满意的吸尘器之后，家里的清洁度却开始有了变化，原本满是灰尘的地板，再也找不到半根头发。原因很简单，那就是无线吸尘器会让人更容易“开始”去打扫。

想要用有线吸尘器，就必须从储藏室把笨重的机身扛出来，然后再把线给松开，插上插头才能使用。打扫完以后，还要再重复上述步骤，这也让人在开始打扫的时候就觉得心里有负担。而无线吸尘器可以立在房间的任何角落，拿起来立刻就可以使用。即使拥有能把化妆品的瓶子给吸进去的超强吸力，只要没插上电源，那就什么作用都没有。

每天可以轻松拿来用好几次的无线吸尘器，在这场比赛中获得了完美的胜利。

好的开始就是成功的一半，这句鼓励的话真的不是凭空捏造出来的。如果你够勤劳，体力又好，可以每天把有线吸尘器搬出来，把家里打扫得干干净净自然是最好，但如果无法做到这个程度，那第二好的选择，就是能帮助我们更快开始、让自己更常去打扫的无线吸尘器。

想想优点，也想想缺点

我曾经问过一个经常要跟人打交道、工作十分忙碌的朋友，遇到压力的时候回家怎么排解，他的回答让我很讶异。

“其实……我都不太会去想，回家就会忘记，蒙头大睡。”

我也曾经在好几个朋友一起见面的时候，听过他说“虽然很累，但喝杯啤酒吐吐苦水就没事了”。

真的很羡慕他这种性格。我只要一遇到让我有压力的事，就算那件事情已经过去，还是会不断回想起来。即便努力压抑浮上心头的想法，也摆脱不了它带给我的影响。它会干扰我的日常生活与睡眠，使我日渐抑郁。

想太多其实一点好处都没有。对内敛的内向者来说，想法是一种工具，却也是种负担。想法不断滋生，会衍生出创意的成果，也可以凭借着比他人看得更远、想得更多，来带给他人灵感。

但如果落入想法的圈套当中，那就会成为伤害自己的凶手。

总是被想法牢牢捆绑的内向者，只有一个方法可以保护自己。

那就是付诸行动。

我曾经因为该做的事情与计划不断累积，深陷于忧郁之中。有一天我觉得不能再这样拖下去，终于下定决心坐下来，把我该做的事情整理成清单。而且我不是以重要度来排序，而是从可以立刻解决的事情往下排，然后就开始埋头苦干。

不付诸行动的事情，总是会让人介怀。事情越多，想法也就不断涌现，让人不得安宁。

你曾经有在假日睡得比较晚时，烦恼今天到底要不要洗头的经历吗？

“下午要跟朋友见面，以我们的交情来看，好像不洗头戴个帽子也没关系。”

“不行，我们是约在很热闹的地方碰面，这个样子出去我会觉得很尴尬。不，太麻烦了，还是出去见个面就回来吧。等等，如果朋友找了其他人加入，那我可能会觉得很尴尬吧？”

问题不在要不要洗头，要摒除这些想法的最有效方法，就是直接去洗头。

只有付诸行动，才可以减少多余的想法。

想太多的人一旦付诸行动，那些想法就会现实化，而且产生一套有逻辑的哲学。这些想法将不再只是多余的奢望、担忧或是妄想，而是可以让人过得更好的工具。

不付诸行动的梦想家，比不假思索的行动派更糟。行为较为内敛，且天生就缺乏精力的我，其实在面临要不要做的选择时，通常都是选择“不要”。不做比较轻松，也比较符合我天生的个性。但我知道，如果就这么放任自己顺着本性活下去，我就会只停留在想法上，无法达成任何目标，所以我会故意违背自己的本性，选择“要做”。

到目前为止，我决定做的事情还没有让我后悔过。

那点小事，我也想“干脆”说出口

有些人看到我被别人伤害时，会对我说这种话：

“那个人原本就这样，你就别计较了。”

听到这种话，我就发誓再也不跟这个人倾诉我的烦恼。虽然这是真心的安慰，但这番话其实也隐含着“别拿自己的事情去烦你身边的人”的意思。

内向者的行为或情绪处理方式，比较内敛而非外放，所以要忘掉这些负面情绪很难。只能等情绪自己排解掉。

就像某部连续剧的台词一样，我总希望“我能变成铁石心肠”。不要为毫不值得的事情费心，不要去在意伤害我的人。但即使我假装若无其事地过着日常生活，心里却仍然背着一些不存在的重担。理智上已经放下，感情上却还是过不去，这样的矛盾本身就很容易加重伤害。

所以对这样的内向者来说，“干脆忘了吧，这没什么”之类的忠告，听起来只是不切实际的安慰。

在面对伤害感情的事情时，不为所动，淡然处之的人，其中有很大一部分是外向者。

但如果在旁边观察，会发现他们其实也受了很重的伤。他们的心胸宽广，但并不代表他们不会受伤。只不过他们可以用惊人的速度，把这种负面情绪处理掉，就是大家说的“咻”一下就忘了。

外向者就像是可以把子弹弹回去的铁人，但其实他们也是普通人，只不过情绪的临界值相对较高罢了。

我们都会需要一段时间让伤口愈合。无论怎么说服自己干脆忘掉就好、这实在没什么，内心还是会一直介怀。就像被针深深扎伤的手指头，不可能只靠“忽视它”就立刻康复一样，所以我们要给自己时间去正视，去恢复。

让自己处在愿意正视内心伤口的状态，静静地等待复原，时间会带走一切，解决一切。

真希望我也是个爽快的人

有时候会从一些没礼貌的人那里，听到一些过分的话。如果我没有当场做出回应，过后回想一定会后悔。

想法比较内敛的内向者，如果被初次见面的人评价说“你年纪看起来很大呀”，会反射性地先检视自己的情况。

是我最近工作太劳累，脸色变差了吗？还是最近穿得比较老气呢？

在过了好一段时间之后，才意识到对方很没礼貌。

如果能够当时立刻回击，爽快地说："是啊！我还以为你的辈分比我高很多呢……看来我们都算是老脸，哈哈！"那不知道该有多好。错过回击时机的我，心里总是会不太好受。

虽然每次都下定决心之后不能再这样，可是每次遇到这种事，都还是会重蹈覆辙。

受到无礼攻击的时候，放射性思考的外向者就可以立刻做出回应。个性内向的人，无论怎么事先学习、熟悉应对的方法，遇到类似的事情还是会唯唯诺诺，让事情就这么过去了。

这不是因为胆小或是畏缩，而是因为思考的结构与方式不一样。

坦白说，这种事我经历过很多次，从中学到不少经验，但现在遇到这种事，我还是每次都会后悔。我想我大概到死，都无法做出让自己毫不后悔的应对吧。如果说以前的后悔是"当时应该要这样回答的……"

那现在的后悔就是：

“我应该要快点逃跑才对！”

据说学防身术的时候，老师都会告诉学生，遇到拿刀的人就要这么做：尽力抵抗然后逃跑。

这不是懦弱的表现。既然无法赢过对方那就逃跑，为了保护自己的生命与尊严，这是最明智的选择。

对别人没有礼貌的人，就像是拿着刀一样，即使我压制了他，我自己也会受伤。本来就已经屈居劣势的内向者，很难从这样的对阵中全身而退。

面对无礼的人，最好的报复就是尽快逃离那个人，将他排除在自己人生的每一个时刻之外。

这也是最成熟的报复方式。

在这个复杂又充满意外的世界上，为自己树敌并不是明智之举。毕竟未来不知道会以什么样的方式再跟那个人相遇。

以前我会暗自懊恼自己没有对那些无礼攻击做出适时且大快人心的回击，但现在回想起来，我这种看似软弱的个性，或许成了我的保护罩也说不定。

用言语痛快回击的人，也可能会因此而铸下大错，付出沉重代价，这可不是收敛型的内向者可以承受的事情。

几天前，我在一个场合遇见一个超级无礼的人。他那不敬的言语和态度，让周遭的人感到尴尬，他却误以为自己非常幽默有趣。我没有立刻察觉到他有问题，只觉得自己心情变得很不好，警铃大作。

“快逃跑！快点 !!”

我想着“啊，好，我知道了”，以最快的速度离开现场。

现在如果有谁说的话让我觉得很不舒服，我会先尽快离开对方身边，保护好自己之后，再去探究理由。这样就可以更清楚地知道，究竟是我太敏感，还是对方太无礼，然后才能采取下一步的行动。

我想未来我的人生当中，应该也不会有痛快回击他人的事情发生，但我不觉得这是损失。

内向者的共同疑问

问

我没有办法很直接地说出应该对别人说的话，也无法想到什么就去做什么，觉得自己很畏缩又不干脆。改变内向的个性之后，这种感觉就会消失吗?

答

畏缩又不干脆的做法跟内向并没有太大的关联，外向的人如果想法太狭隘、没有实践能力，也会被指责太过畏缩。内向的人在付诸行动之前，都会深思熟虑，也比较谨慎，所以才容易被误会。

如果你觉得自己个性太畏缩又不干脆，那应该不是内向的问题。你可以慢慢尝试去做自己想做的事并面对结果，借此累积经验并培养对自己的信赖。这种事情需要一点勇气，一开始当然不容易，但只要坚持下去，必要的时候你就能拥有足够的勇气去挑战。

慢慢接近自己的理想，努力帮助自己累积经验，那个畏缩又不干脆的你，很快就会成为过去。

我喜欢自己一个人生活，这样可以结婚吗？

我觉得我是个不适合结婚的人，我比较关心自己的生活，也喜欢独处。谈恋爱的时候，我经常会怀疑，难道真的要把我美好的人生，浪费在这种“消耗性的活动”上吗？这样的我，却比身边的任何一个人都更早结婚。这说明“无论面对什么事，人都不能太绝对”。

从一个典型内向者的角度来看，我经常觉得已婚的这种状态其实并不坏。

在韩国，很少有人在结婚之后，会去配合配偶的各种习惯来改变自己。作为已婚的过来人，我觉得结婚对内向者来说更有利。

内向者在面对人群的时候，总是容易感到疲惫，而且喜欢自己一个人待着，可是他们并不是讨厌人。无论多么喜欢独处，跟他人的互动仍然是他们生活中最主要的一部分。对于喜欢独处的内向者来说，与配偶的关系就成了他们最后的堡垒。

观察在餐厅吃饭的情侣，可以一眼看出他们是情侣还是夫妻。情侣会持续地把注意力放在对方身上，对视或是聊天，但夫妻却只会注意桌上的菜，各自吃东西或是看手机，有必要的时候才会说几句话。

我曾经悲伤地认为，这说明结婚后爱情就会变质，但现在反而觉得这种不必费心想话题，也可以轻松维系下去的关系更加珍贵。事实上，比起面对要绷紧神经不断维持对话的人，我觉得跟老公去吃饭的时候更放松，更能专注于美食。

夫妻是一种非常特殊的关系，像朋友、像恋人又像兄妹，外向者或许会觉得我描述的夫妻关系平淡又无聊，但我认为这种关系很适合我的个性。

虽然婚姻关系不是永恒的，但至少两人是以永恒为前提而走到了一起。换句话说，两人是约好要成为永远不会分开的“好朋友”。跟朋友不一样，婚姻关系一旦破裂，人生就会蒙受不小的损失。

在遵守约定的前提下维系的婚姻关系，使我不必再像单身的时候一样，必须付出极大的努力来避免自己遭到孤立。

内向者更适合婚姻生活，这是我的个人感受，未必适合所有人。而且要让这句话成立，前提是这必须是一段“好的婚姻”。

我只是想给那些喜欢自己一个人、害怕结婚的内向者，多提供一个可以考虑的额外选项。

无论是再怎么喜欢独处的人，跟他人的互动仍然是生活中最主要的一部分。

我会这样处理抑郁

对情绪与感受非常敏感的内向者，能够感受到被外向者忽略的琐碎幸福，我觉得这是更关注内在情绪的内向者所拥有的特权。

但能够感受到情绪的细微波动，也并非全然只有好处。人本来就对负面情绪会有更强烈的反应，而且这种负面情绪也会更深刻。毕竟不安、恐惧、担忧等情绪，都有利于生存。认为“站在悬崖边，很有可能会掉下去”的人，跟认为“只是稍微靠近悬崖一点，会有什么问题吗，人不会那么容易就死”的人相比，谁在登山的时候更有可能毫发无伤地离开呢?

认为外向者不会得抑郁症也许过于绝对，不过外向者得抑郁症的概率确实低一些，就像我们无法否认内向者比较容易受抑郁情绪困扰一样。

对我来说，抑郁是一种很亲切、熟悉的情绪，我也曾经被诊断为重度抑郁症，现在还在糊里糊涂地跟没来由的抑郁一起生活。

人们常说抑郁症是心的感冒，越深入了解，就越觉得抑郁症跟感冒很像。感冒跟抑郁症，都是可能找上任何人的症状，有些人的体质比较容易受到影响。通常都会自然痊愈，但如果能够好好治疗，症状就会比较轻微、更快康复。如果置之不理的话，可能一不小心就发展成严重的疾病。

偶尔碰上莫名的抑郁时，我还是会因为不知道该怎么应付这个熟悉的阴沉家伙而感到困扰。起初我会下意识地一直问自己“为什么”，仿佛一定要找出这个问题的答案，才能够摆脱这股抑郁。但我很快就发现，

“为什么”其实并不重要，埋头去想“为什么”，只会让抑郁加重。

过了这个阶段之后，我便决定把自己当成没有灵性的产物。抑郁是大脑作用与荷尔蒙的分泌共同影响的结果，我相信只要改变身体状态，就能够做出调整。

其实我们的抑郁，是无法只靠抽象思考来定义、控制的。随着冬天来临，气温越来越低，罹患季节性抑郁症的人就越来越多，在日照量不足的北欧，也会有许多人罹患抑郁症。作为女性，也更容易产生情绪波动。

摆脱抑郁的方法，首先是不要太晚入睡。夜晚好像会让我完全转换成另外一种人格，无论怎么努力，都无法摆脱负面情绪。如果不想被抑郁支配，那就尽量不要熬夜。

当然，心情抑郁的人无法轻易入睡，但也不能因为睡不着，就放任自己刷手机熬夜。我一般不会在晚上做太兴奋或是需要高度专注的工作。即使不能马上躺到床上，也会早早洗好澡，换上睡衣，开始阅读之类比较安静的活动。

我也会努力让身体动起来，出去散步或跑步，做些能让自己流汗的运动。当身心因抑郁而变得沉重时，运动可以让心情立刻变好。其他空余时间可以用来打扫或整理，埋头做一些能清空大脑的事情。

无论如何，都要让自己保持身体健康，别让身体感到不适。抑郁通常还会伴随着各种小病。如果你一直这里痛、那里痛，就会让自己更抑郁，为了切断这种恶性循环，我会先照顾好自己的身体。

我们的情绪会受身体的状况影响，身体无恙，心情才会变好。

我曾经以为，没有负面情绪就是幸福，后来才知道，幸福的面貌多变且复杂。幸福是就连抑郁这种情绪，都能够当成生活的一部分，能够照着自己的样子生活下去，并获得满足。

我想说，不如把抑郁当成会定期来探视的朋友，下次它要是再来，可以这样跟它说：

“我帮你准备了一个小房间，希望你住在这里的时候，别把房子搞得一团乱，离开的时候也可以不用跟我说。”

幸福是就连抑郁这种情绪，都能够当成生活的一部分，能够照着自己的样子生活下去，并获得满足。

后记 关于那些不曾表露的、消极的态度

在写这本书的时候，我努力了十年的减肥目标终于实现了。

第一次看见体重计的指针往后了一些，衣服的尺寸也终于小了一号。

身体如实反映了主人的敏感个性，总是会激烈地抗拒改变。随着年龄增长，我的代谢率与活动量都变低了，这些自然累积起来的脂肪，不像以前那么容易离开我了。

只要稍微减少食量或是运动一下，就会

立刻得到失眠或全身酸痛的惩罚，让我吓得不敢再随便违背自然规律。我一直过着不太会把身体逼到极限，很少有机会考验意志力的生活，所以我决定让自己屈服，按照自然的法则前进。

有一天，我开始想过跟过去不一样的生活，想让这个承载灵魂的肉体做些改变。我开始想去找神圣的体脂肪麻烦，基于过去太多在战斗之前就投降的经验，这次我静静开始了身体无法察觉的减肥计划。

我就像修行的僧人一样，规律地工作、吃饭、运动，非常微量地慢慢减少日常食量，也一点一点地增加运动量。就这样一个月瘦一公斤，在写后记的此刻，我已经瘦到跟十年前差不多。

每当跨越人生的一个阶段时，我们都想要用火箭般的推进力，推挤四周的空间，让自己在瞬间抵达不同的次元，但现实生活中的我们，却只能乘着需要划桨的独木舟慢慢努力向前。

希望这本书，能够带给那些建立自己价值，却总是感觉被剥夺的人，以及好不容易按下了社会化开关，饰演着受欢迎的社会成员的人们，一点小小的共鸣与安慰。

南仁淑

二〇一九年四月

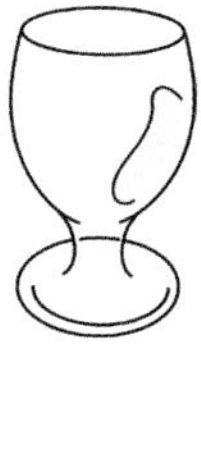

内向者所能开辟的幸福，是更深刻且温柔的。

内向者了解很多事情并不是好坏的问题，也明白正确地看待自己，才能够帮助自己获得幸福。